Empresas Diferentes

Paulette Durand

Paulette Durand

Página de Derechos de Autor

Indice

Paulette Durand

El Nuevo Paradigma Empresarial

En las últimas décadas, hemos sido testigos de una transformación radical en la manera en que se conciben y se gestionan las empresas. Lo que antes funcionaba como la receta segura para el éxito hoy parece obsoleto o insuficiente. Las reglas del juego han cambiado, y con ellas, la mentalidad y las expectativas tanto de los líderes como de los empleados y los consumidores. Este nuevo paradigma empresarial no solo redefine cómo operan las empresas, sino también el propósito mismo de su existencia. Ya no se trata únicamente de generar ganancias; se trata de generar impacto, tanto en la sociedad como en el planeta.

Tradicionalmente, las empresas se han centrado en maximizar los beneficios económicos, y aunque esta sigue siendo una parte importante del negocio, hoy en día no es suficiente. La sociedad está exigiendo más de las corporaciones. Los consumidores prefieren apoyar marcas que se alineen con sus valores, que sean transparentes, éticas y responsables. Este cambio en las expectativas ha obligado a las empresas a repensar su rol en el mundo. Ya no pueden operar como entidades aisladas enfocadas únicamente en sus propios intereses; deben considerarse actores clave en la construcción de un futuro mejor.

Este nuevo paradigma empresarial se basa en tres pilares fundamentales: la innovación, la sostenibilidad y el propósito. La innovación ya no es solo un motor de crecimiento; es un imperativo. Las empresas que no innovan corren el riesgo de quedarse atrás en un mundo que cambia a un ritmo vertiginoso. Sin embargo, no se trata de innovar por el simple hecho de hacerlo, sino de innovar con un propósito claro. La tecnología, por ejemplo, no debe ser adoptada simplemente porque está de moda, sino porque puede mejorar la vida de las personas, hacer procesos más eficientes o reducir el impacto ambiental. Las empresas del futuro deben estar dispuestas a cuestionar lo establecido, a experimentar y a aprender de sus errores para mantenerse relevantes y competitivas.

La sostenibilidad, por otro lado, ha dejado de ser una opción y se ha convertido en una necesidad. En un mundo donde los recursos naturales son finitos y el cambio climático es una realidad ineludible, las empresas deben adoptar prácticas sostenibles para asegurar su supervivencia a largo plazo. Esto significa no solo reducir su huella de carbono o reciclar más, sino también replantear completamente sus modelos de negocio para que sean regenerativos, es decir, que devuelvan más de lo que toman. Las empresas que logren integrar la sostenibilidad en su ADN no solo ganarán la lealtad de los consumidores, sino que también estarán mejor posicionadas para enfrentar los desafíos del futuro.

El propósito es el tercer pilar de este nuevo paradigma. Las empresas que prosperarán en el futuro serán aquellas que tengan un propósito claro y significativo, uno que vaya más allá de la simple generación de beneficios. Este propósito debe ser auténtico, resonar con los valores de la empresa y ser evidente en cada aspecto de su operación. Una empresa con propósito no solo atraerá a los consumidores, sino que también inspirará a sus empleados, generando un mayor compromiso y productividad. Los trabajadores, especialmente las generaciones más jóvenes, buscan algo más que un sueldo; quieren sentirse parte de algo más grande, algo que tenga un impacto positivo en el mundo.

Este cambio hacia un enfoque basado en la innovación, la sostenibilidad y el propósito no es solo una moda pasajera; es una respuesta a las necesidades y demandas de un mundo en constante evolución. Las empresas que no se adapten a este nuevo paradigma corren el riesgo de volverse irrelevantes, mientras que aquellas que lo abracen tendrán la oportunidad de liderar el cambio y construir un legado duradero.

El nuevo paradigma empresarial también exige un cambio en la mentalidad de liderazgo. Los líderes de hoy ya no pueden ser autocráticos, centrados únicamente en el control y la eficiencia. Deben ser visionarios, capaces de inspirar y motivar a sus equipos, y estar dispuestos a escuchar, aprender y evolucionar. Este liderazgo transformador es fundamental para guiar a las empresas a través de la incertidumbre y hacia un futuro lleno de posibilidades.

En conclusión, el nuevo paradigma empresarial nos llama a repensar la razón de ser de las empresas, a adoptar una visión más amplia y a tomar acciones que generen un impacto positivo en el mundo. Es un llamado a la acción para todos aquellos que desean construir empresas diferentes, empresas que no solo sobrevivan, sino que prosperen en un mundo que exige más. La innovación, la sostenibilidad y el propósito no son solo palabras de moda; son los cimientos sobre los que se construirán las empresas del futuro. A medida que avancemos, aquellas empresas que logren integrar estos elementos en su esencia serán las que lideren el camino, no solo hacia el éxito económico, sino también hacia un mundo más justo, equitativo y sostenible.

La Cultura como Pilar Central

Cuando hablamos de lo que hace que una empresa sea verdaderamente diferente, el primer lugar al que debemos mirar es su cultura. La cultura empresarial es el corazón y el alma de cualquier organización. Es el conjunto de valores, creencias y comportamientos que definen cómo se hacen las cosas dentro de la empresa. Es lo que une a los empleados y lo que da forma a la manera en que interactúan entre ellos, con los clientes y con el mundo exterior. En resumen, la cultura es el pilar central sobre el que se construye todo lo demás.

En una empresa tradicional, la cultura suele ser algo que se da por sentado, una consecuencia natural de cómo se han hecho las cosas a lo largo del tiempo. Sin embargo, en una empresa que aspira a ser diferente, la cultura no puede dejarse al azar. Debe ser diseñada y cultivada con intención, porque una cultura fuerte y positiva no solo impulsa el rendimiento, sino que también es la base sobre la que se pueden implementar todas las demás estrategias.

Imagina una empresa como un jardín. Si solo te enfocas en los resultados, es decir, en las flores y los frutos, te puedes perder lo más importante: el cuidado del suelo y las raíces. La cultura empresarial es ese suelo fértil que permite que todo lo demás crezca y florezca. Sin una cultura sólida, cualquier intento de innovación, sostenibilidad o liderazgo está destinado a fracasar, porque no hay un terreno propicio para que esas ideas prosperen.

Una cultura empresarial fuerte comienza con un conjunto claro de valores. Estos valores deben ser auténticos y reflejar lo que la empresa realmente cree, no solo lo que suena bien en un comunicado de prensa. Por ejemplo, si una empresa dice que valora la innovación, entonces debe estar dispuesta a tomar riesgos, a aceptar el fracaso como parte del proceso y a fomentar la creatividad en todos los niveles. Si dice que valora la sostenibilidad, entonces debe hacer de la responsabilidad ambiental una prioridad en todas sus operaciones. Estos valores no son solo palabras; son principios que guían las decisiones diarias y que se reflejan en cada acción.

Pero los valores por sí solos no son suficientes. Para que una cultura realmente funcione, esos valores deben ser vividos y respirados por todos en la organización, desde el CEO hasta el empleado más nuevo. Esto requiere un liderazgo que no solo hable de esos valores, sino que los ejemplifique en su comportamiento. Los líderes son los jardineros de la cultura; son los responsables de nutrirla, protegerla y asegurarse de que todos la entiendan y la respeten.

Una cultura empresarial positiva también es inclusiva y diversa. Las empresas que valoran la diversidad de pensamiento, experiencia y perspectiva son las que están mejor equipadas para innovar y adaptarse a los cambios. La diversidad no se trata solo de cumplir con cuotas, sino de crear un ambiente donde todas las voces sean escuchadas y valoradas. Cuando las personas sienten que pueden ser ellas mismas en el trabajo, que sus ideas son apreciadas y que tienen la libertad de contribuir plenamente, la empresa se beneficia de una mayor creatividad, colaboración y lealtad.

Otro aspecto clave de una cultura fuerte es la transparencia. La transparencia fomenta la confianza, y la confianza es esencial para cualquier relación, incluidas las relaciones laborales. Cuando los empleados sienten que la información se comparte abiertamente y que las decisiones se toman de manera justa, se genera un sentido de pertenencia y compromiso. Por el contrario, una cultura de secretismo y opacidad solo conduce a la desconfianza, el descontento y, en última instancia, la desmotivación.

La flexibilidad también es crucial en la cultura de una empresa diferente. El mundo está cambiando rápidamente, y las empresas deben estar dispuestas a adaptarse. Esto significa estar abiertas a nuevas formas de trabajar, como el trabajo remoto o los horarios flexibles, y estar dispuestas a reexaminar y ajustar las prácticas y políticas cuando sea necesario. Una cultura rígida, que se aferra a "así es como siempre lo hemos hecho", está destinada a quedarse atrás.

Además, una cultura empresarial centrada en el bienestar es una cultura que prospera. Cuando los empleados sienten que su salud física, emocional y mental es una prioridad para la empresa, se crea un ambiente de trabajo más positivo y productivo. Esto puede incluir desde programas de bienestar y beneficios de salud mental hasta simplemente fomentar un equilibrio saludable entre el trabajo y la vida personal. Las empresas que se preocupan por el bienestar de sus empleados no solo reducen el absentismo y el agotamiento, sino que también aumentan la satisfacción y la retención de personal.

Finalmente, una cultura sólida debe ser celebrada y reforzada constantemente. Las empresas deben encontrar maneras de reconocer y recompensar los comportamientos que reflejan sus valores. Esto no solo mantiene la cultura viva, sino que también motiva a los empleados a continuar alineándose con esos valores. Las celebraciones no tienen que ser grandiosas; a veces, un simple agradecimiento o reconocimiento público puede tener un gran impacto.

En conclusión, la cultura empresarial no es solo un aspecto más de la empresa; es el pilar central que sostiene todo lo demás. Es la base sobre la cual se construyen la innovación, la sostenibilidad y el liderazgo. Una cultura fuerte, positiva e inclusiva no solo mejora el rendimiento y la productividad, sino que también crea un ambiente donde las personas quieren trabajar, colaborar y crecer. Las empresas que entienden la importancia de la cultura y que la cultivan con intención están mejor posicionadas para ser diferentes, para destacar en un mercado saturado y para liderar con éxito hacia el futuro.

Liderazgo Transformador

En el corazón de cada empresa exitosa, siempre encontrarás un liderazgo fuerte, pero en una empresa diferente, ese liderazgo no solo es fuerte, es transformador. El liderazgo transformador va más allá de simplemente gestionar personas y recursos; se trata de inspirar, motivar y guiar a un equipo hacia un futuro lleno de posibilidades. Este tipo de liderazgo no se trata de controlar cada aspecto del negocio, sino de crear un ambiente donde las personas se sientan empoderadas para dar lo mejor de sí mismas.

El liderazgo tradicional, que se basa en la autoridad y el poder, está siendo reemplazado por un enfoque más humano y empático. En lugar de decirles a las personas qué hacer, los líderes transformadores las invitan a participar en la creación de una visión compartida. Este tipo de líder es un guía, un mentor y un facilitador que ayuda a su equipo a alcanzar su máximo potencial. En lugar de ser el que tiene todas las respuestas, es el que hace las preguntas correctas y estimula el pensamiento crítico.

Una de las principales características de un liderazgo transformador es la capacidad de inspirar. Inspirar no significa dar discursos motivacionales todos los días, sino vivir los valores y la visión de la empresa de una manera que motive a los demás a seguir el ejemplo. Los líderes transformadores entienden que sus acciones hablan más fuerte que sus palabras. Cuando un líder muestra compromiso, pasión y autenticidad, el equipo lo siente y lo refleja en su propio trabajo. Inspirar es contagiar ese sentido de propósito que hace que el trabajo tenga un significado más allá del simple cumplimiento de tareas.

Otra característica esencial del liderazgo transformador es la empatía. Los líderes transformadores se preocupan genuinamente por las personas que lideran. Entienden que cada miembro del equipo es un ser humano con sus propios desafíos, sueños y necesidades. Esta empatía se traduce en un liderazgo que escucha, que se preocupa y que está dispuesto a apoyar a su equipo en los momentos difíciles. Un líder que practica la empatía crea un ambiente de confianza y respeto, donde los empleados se sienten valorados y comprendidos. Esta conexión humana es fundamental para construir una cultura empresarial sólida y cohesiva.

El liderazgo transformador también se basa en la capacidad de fomentar el crecimiento y el desarrollo personal. Los líderes que adoptan este enfoque ven a cada miembro del equipo como una inversión a largo plazo. En lugar de solo enfocarse en el rendimiento a corto plazo, se preocupan por el desarrollo de habilidades, el aprendizaje continuo y el crecimiento profesional de cada persona. Esto puede incluir oportunidades de formación, mentoría, y desafíos que saquen a los empleados de su zona de confort para que puedan alcanzar nuevas alturas. Un líder transformador celebra los éxitos individuales y colectivos, y reconoce que el crecimiento de cada persona contribuye al éxito general de la empresa.

La autenticidad es otra piedra angular del liderazgo transformador. Los líderes auténticos son aquellos que son fieles a sí mismos y a sus valores, y que no intentan ser algo que no son. Esta autenticidad se transmite en cada interacción y decisión que toman. No intentan esconder sus debilidades, sino que las reconocen y trabajan en ellas, lo que les hace más humanos y accesibles. Cuando un líder es auténtico, crea un ambiente donde los demás también se sienten cómodos siendo ellos mismos, lo que fomenta la diversidad de pensamiento y la innovación.

Además, un líder transformador no teme al cambio; lo abraza y lo impulsa. Entiende que el cambio es una constante en el mundo empresarial y que adaptarse rápidamente es crucial para el éxito a largo plazo. En lugar de resistirse a las nuevas ideas o aferrarse a las formas antiguas de hacer las cosas, estos líderes buscan activamente maneras de innovar y mejorar. Están dispuestos a asumir riesgos calculados y a aprender de los fracasos, sabiendo que cada error es una oportunidad para crecer y mejorar. Esta mentalidad de crecimiento es lo que impulsa a una empresa diferente a mantenerse a la vanguardia en un entorno en constante evolución.

La visión es otro componente clave del liderazgo transformador. Los líderes con visión tienen una imagen clara de adónde quieren llevar a su empresa y cómo planean llegar allí. Esta visión no es solo una lista de objetivos a alcanzar, sino una narrativa inspiradora que motiva a todo el equipo a trabajar juntos hacia un propósito común. Un líder transformador comparte esta visión de manera clara y consistente, asegurándose de que cada miembro del equipo entienda su papel en el logro de ese futuro. Además, se asegura de que la visión no solo esté enfocada en el éxito financiero, sino también en el impacto positivo que la empresa puede tener en la sociedad y el medio ambiente.

El liderazgo transformador también se manifiesta en la capacidad de tomar decisiones difíciles con valentía y compasión. Los líderes a menudo se enfrentan a situaciones donde no hay respuestas fáciles, y las decisiones que toman pueden tener un impacto significativo en las vidas de sus empleados y en el futuro de la empresa. Un líder transformador no huye de estas responsabilidades, pero tampoco las toma a la ligera. Evalúa todas las opciones, considera las posibles consecuencias y toma decisiones informadas que alineen con los valores y la visión de la empresa. Y lo más importante, se comunica de manera abierta y honesta con su equipo, explicando las razones detrás de cada decisión y ofreciendo apoyo a aquellos que puedan verse afectados.

Finalmente, el liderazgo transformador se trata de crear un legado. Los líderes transformadores no solo piensan en el éxito a corto plazo, sino en el impacto duradero que quieren dejar. Están comprometidos con construir algo que perdure, algo que continúe prosperando mucho después de que ellos se hayan ido. Este legado puede ser una cultura empresarial fuerte, una misión significativa o una comunidad de empleados que se sienten orgullosos de su trabajo. Un líder transformador trabaja incansablemente para asegurarse de que su empresa no solo sobreviva, sino que prospere y continúe haciendo una diferencia en el mundo.

En resumen, el liderazgo transformador es el motor que impulsa a una empresa diferente. Es un liderazgo que inspira, que se preocupa por el bienestar y el crecimiento de las personas, que es auténtico y visionario. Es un liderazgo que no teme al cambio, que toma decisiones difíciles con compasión y que se enfoca en crear un legado duradero. Las empresas que cuentan con líderes transformadores están mejor equipadas para enfrentar los desafíos del futuro, para innovar y para liderar con propósito. En un mundo donde el cambio es la única constante, el liderazgo transformador es lo que distingue a las empresas exitosas de las que se quedan atrás.

Innovación Disruptiva

La innovación es el alma de cualquier empresa que quiera ser diferente, pero la innovación disruptiva es el tipo de innovación que realmente cambia las reglas del juego. No se trata simplemente de mejorar un producto o servicio existente, sino de crear algo completamente nuevo que transforme industrias enteras, cambie la manera en que las personas viven o trabajan, o abra puertas a posibilidades que antes parecían imposibles. La innovación disruptiva no solo mejora lo que ya existe; lo reemplaza o lo reinventa de una manera que hace que lo anterior quede obsoleto.

Para entender la innovación disruptiva, pensemos en algunos ejemplos que han cambiado el mundo. Considera cómo Netflix revolucionó la industria del entretenimiento. Antes de Netflix, las personas estaban acostumbradas a ir a una tienda de alquiler de videos, como Blockbuster, para rentar películas. Pero Netflix no solo hizo que las películas estuvieran disponibles en línea; cambió completamente la manera en que las personas consumen entretenimiento, introduciendo el streaming y permitiendo a los usuarios ver lo que quisieran, cuando quisieran. Este enfoque disruptivo no solo afectó a las tiendas de alquiler de videos, sino que también obligó a la industria del cine y la televisión a adaptarse a un nuevo modelo.

Otro ejemplo claro es el de los teléfonos inteligentes. Antes del iPhone, los teléfonos móviles eran principalmente para hacer llamadas y enviar mensajes de texto. Apple, con su innovación disruptiva, no solo creó un nuevo tipo de dispositivo, sino que cambió radicalmente cómo interactuamos con la tecnología y el mundo que nos rodea. El iPhone combinó un teléfono, una cámara, un navegador de Internet y muchas otras funciones en un solo dispositivo, creando una categoría completamente nueva y dejando atrás a los teléfonos tradicionales.

Estos ejemplos muestran que la innovación disruptiva no se trata solo de ser mejor, sino de ser completamente diferente. Pero, ¿cómo se logra esto? El primer paso es pensar de manera audaz y no tener miedo de desafiar el status quo. Las empresas que se centran en la innovación disruptiva no se conforman con hacer mejoras incrementales; buscan cambiar las reglas del juego. Esto requiere una mentalidad que esté dispuesta a tomar riesgos, a fallar y a aprender rápidamente de esos fracasos.

El segundo ingrediente clave para la innovación disruptiva es la capacidad de identificar necesidades no satisfechas o problemas no resueltos en el mercado. Muchas de las innovaciones más disruptivas han surgido de la capacidad de ver una necesidad que nadie más había identificado o de encontrar una nueva forma de abordar un problema que todos habían dado por hecho que no tenía solución. Esto requiere una profunda comprensión de los clientes y de cómo sus necesidades y deseos están evolucionando con el tiempo.

Por ejemplo, Airbnb surgió porque los fundadores vieron que muchas personas buscaban formas más accesibles y personalizadas de alojamiento cuando viajaban. En lugar de crear un nuevo tipo de hotel, se dieron cuenta de que muchas personas estarían dispuestas a alquilar sus casas o habitaciones a viajeros. Este concepto fue completamente disruptivo, y cambió la manera en que las personas piensan sobre el alojamiento, creando una industria completamente nueva en el proceso.

La tecnología también juega un papel crucial en la innovación disruptiva. A menudo, las innovaciones más disruptivas están habilitadas por nuevas tecnologías que permiten a las empresas hacer cosas que antes no eran posibles. Sin embargo, simplemente adoptar la última tecnología no es suficiente; es necesario pensar en cómo esa tecnología puede ser utilizada de maneras nuevas y creativas para resolver problemas o crear valor. Esto requiere una mentalidad abierta y una disposición para experimentar y probar cosas nuevas.

La cultura de la empresa es otro factor importante. Las empresas que fomentan una cultura de innovación están mejor posicionadas para ser disruptivas. Esto significa crear un entorno donde las personas se sientan seguras para expresar ideas, tomar riesgos y experimentar sin miedo al fracaso. En lugar de castigar el fracaso, las empresas innovadoras lo ven como una oportunidad para aprender y mejorar. Además, una cultura de innovación valora la colaboración y la diversidad de pensamiento, reconociendo que las mejores ideas a menudo surgen de la combinación de diferentes perspectivas y habilidades.

Pero la innovación disruptiva no es solo para las grandes empresas con grandes presupuestos. De hecho, muchas de las innovaciones más disruptivas han surgido de pequeñas startups que no tenían más opción que pensar de manera creativa y hacer más con menos. Estas pequeñas empresas a menudo tienen la ventaja de ser ágiles y estar menos atadas a los procesos tradicionales, lo que les permite moverse rápidamente y adaptarse a los cambios en el mercado. Sin embargo, las grandes empresas también pueden ser disruptivas si están dispuestas a adoptar una mentalidad de startup y fomentar la innovación en todos los niveles de la organización.

Es importante destacar que la innovación disruptiva no siempre es bien recibida al principio. De hecho, muchas innovaciones disruptivas han sido inicialmente rechazadas o criticadas porque desafían el status quo y exigen un cambio de mentalidad. Sin embargo, los innovadores disruptivos entienden que el cambio lleva tiempo y están dispuestos a perseverar a pesar de las dificultades iniciales. Saben que si su innovación realmente resuelve un problema o satisface una necesidad de una manera nueva y mejor, eventualmente encontrará su lugar en el mercado.

Una vez que una innovación disruptiva comienza a ganar tracción, puede tener un efecto dominó, cambiando no solo la empresa o la industria que la introdujo, sino también otras industrias y sectores relacionados. Por ejemplo, la introducción del coche eléctrico no solo ha cambiado la industria automotriz, sino que también ha tenido un impacto en la industria energética, las infraestructuras urbanas y las políticas medioambientales. Este es el poder de la innovación disruptiva: puede tener un impacto amplio y duradero que va más allá de su origen.

En conclusión, la innovación disruptiva es el tipo de innovación que realmente transforma y redefine industrias enteras. No se trata solo de hacer las cosas mejor, sino de hacerlas de manera completamente diferente. Requiere una mentalidad audaz, una cultura que fomente la experimentación y el aprendizaje, y una disposición para desafiar el status quo. Las empresas que buscan ser verdaderamente diferentes deben adoptar la innovación disruptiva como una estrategia central, ya que es la clave para liderar el cambio, crear nuevas oportunidades y construir un futuro que antes parecía imposible. En un mundo donde el cambio es constante, la capacidad de ser disruptivo no es solo una ventaja, es una necesidad.

Tecnología y Digitalización

Vivimos en una era donde la tecnología ha dejado de ser una simple herramienta y se ha convertido en el núcleo de casi todo lo que hacemos. En las empresas, la tecnología ya no es un lujo, sino una necesidad fundamental para competir y prosperar. Pero cuando hablamos de una empresa diferente, de esas que están pensadas para el futuro, la tecnología y la digitalización no son solo piezas importantes; son los cimientos sobre los que se construye todo lo demás. La tecnología y la digitalización permiten a las empresas ser más ágiles, eficientes e innovadoras, y aquellas que no se adapten a esta nueva realidad corren el riesgo de quedarse atrás.

Para entender el impacto de la tecnología en las empresas, es útil pensar en cómo ha transformado nuestra vida cotidiana. Hace no mucho tiempo, si querías comprar algo, tenías que ir a una tienda física. Hoy, con solo unos clics en tu teléfono, puedes comprar casi cualquier cosa desde cualquier lugar del mundo y recibirla en la puerta de tu casa en cuestión de días. Este cambio ha sido posible gracias a la tecnología, que ha revolucionado la manera en que compramos, trabajamos, nos comunicamos y vivimos en general.

En el mundo empresarial, la digitalización se refiere al uso de tecnologías digitales para transformar procesos, mejorar la eficiencia y crear nuevas oportunidades de negocio. Por ejemplo, en lugar de llevar un registro manual de las ventas en una hoja de papel, una empresa puede utilizar un software de gestión que no solo registra las ventas, sino que también analiza los datos para identificar tendencias, prever la demanda y optimizar el inventario. Este tipo de digitalización no solo ahorra tiempo y reduce errores, sino que también proporciona información valiosa que puede ayudar a la empresa a tomar decisiones más informadas y estratégicas.

La tecnología también permite a las empresas automatizar tareas rutinarias y repetitivas, liberando a los empleados para que se concentren en actividades que realmente agregan valor. Por ejemplo, en lugar de que un empleado pase horas ingresando datos en una hoja de cálculo, un software de automatización puede hacer ese trabajo en minutos, sin errores. Esto no solo aumenta la productividad, sino que también mejora la moral de los empleados, ya que pueden dedicar su tiempo a tareas más creativas y gratificantes.

Pero la digitalización no se trata solo de eficiencia. También abre nuevas posibilidades para la innovación y la personalización. En el pasado, las empresas ofrecían productos y servicios que eran esencialmente los mismos para todos los clientes. Pero con la tecnología, ahora es posible personalizar la experiencia de cada cliente, adaptando los productos y servicios a sus necesidades y preferencias individuales. Esto no solo mejora la satisfacción del cliente, sino que también crea lealtad y fomenta las relaciones a largo plazo.

Un ejemplo claro de cómo la digitalización ha transformado la experiencia del cliente es el uso de algoritmos en plataformas como Netflix o Amazon. Estos algoritmos analizan tus hábitos de visualización o compra para recomendarte películas, series o productos que probablemente te gustarán. Esta personalización es posible gracias a la tecnología y ha cambiado completamente la manera en que interactuamos con estas plataformas. Ahora, las empresas no solo ofrecen un producto o servicio, sino una experiencia única adaptada a cada usuario.

La tecnología también ha cambiado la forma en que las empresas se comunican, tanto internamente como con sus clientes. Antes, las empresas dependían de reuniones presenciales, llamadas telefónicas o correos electrónicos para comunicarse. Hoy, herramientas como Slack, Microsoft Teams o Zoom han revolucionado la comunicación, permitiendo a los equipos colaborar en tiempo real desde cualquier lugar del mundo. Estas herramientas no solo facilitan la comunicación, sino que también fomentan una mayor colaboración y creatividad, al permitir que las ideas fluyan de manera más libre y espontánea.

Además, la digitalización ha abierto la puerta a nuevos modelos de negocio. Empresas como Uber o Airbnb no existirían sin la tecnología digital que les permite conectar a millones de usuarios con conductores o propietarios de viviendas en tiempo real. Estos modelos de negocio han cambiado industrias enteras, demostrando que la tecnología no solo mejora lo que ya existe, sino que también puede crear algo completamente nuevo.

Sin embargo, la adopción de la tecnología y la digitalización no está exenta de desafíos. Uno de los mayores obstáculos es la resistencia al cambio. Muchas empresas, especialmente las más grandes y establecidas, tienden a aferrarse a sus viejas formas de hacer las cosas porque son cómodas o porque "siempre han funcionado así". Pero en un mundo donde la tecnología avanza a un ritmo vertiginoso, esta mentalidad es peligrosa. Las empresas que no estén dispuestas a adaptarse y adoptar nuevas tecnologías corren el riesgo de quedarse atrás y perder relevancia en el mercado.

Otro desafío es la ciberseguridad. A medida que las empresas se digitalizan, se vuelven más vulnerables a ciberataques y violaciones de datos. Proteger la información sensible de los clientes y la empresa es una prioridad crítica en un mundo digital. Esto requiere no solo inversiones en tecnología de seguridad, sino también la creación de una cultura de conciencia sobre la ciberseguridad en toda la organización. Todos los empleados deben estar capacitados para identificar y prevenir amenazas potenciales, y la empresa debe estar preparada para responder rápidamente en caso de un incidente.

Además, la digitalización plantea preguntas sobre la ética y la privacidad. A medida que las empresas recopilan y analizan más datos sobre sus clientes, es esencial que lo hagan de manera responsable y respetuosa. Esto no solo es importante para cumplir con las regulaciones, sino también para mantener la confianza de los clientes. Las empresas deben ser transparentes sobre cómo utilizan los datos y asegurarse de que están protegidos y utilizados de manera que beneficien a los clientes, no solo a la empresa.

En conclusión, la tecnología y la digitalización son motores fundamentales para cualquier empresa que aspire a ser diferente y relevante en el futuro. No son solo herramientas para mejorar la eficiencia; son medios para transformar la forma en que hacemos negocios, interactuamos con los clientes y creamos valor. Sin embargo, para aprovechar al máximo estas oportunidades, las empresas deben estar dispuestas a adoptar el cambio, invertir en la ciberseguridad y actuar con responsabilidad en el manejo de los datos. En un mundo digital, la capacidad de adaptarse y evolucionar con la tecnología no es solo una ventaja competitiva; es una necesidad para la supervivencia y el éxito a largo plazo. Las empresas que entienden esto y que colocan la tecnología y la digitalización en el centro de su estrategia están mejor posicionadas para liderar en un mercado en constante cambio y para construir un futuro sólido y sostenible.

Sostenibilidad como Eje Estratégico

La sostenibilidad ya no es un término de moda ni una opción para las empresas; se ha convertido en un imperativo estratégico. En un mundo donde los recursos naturales son finitos y las preocupaciones ambientales son cada vez más urgentes, las empresas que no incorporen la sostenibilidad en el corazón de su estrategia corren el riesgo de quedarse obsoletas. Ser sostenible no significa solo cuidar el medio ambiente, sino también crear un modelo de negocio que pueda perdurar en el tiempo, que sea responsable con sus recursos y que tenga un impacto positivo en la sociedad.

Para entender la importancia de la sostenibilidad, es útil considerar cómo las empresas han operado en el pasado. Durante décadas, muchas empresas se enfocaron casi exclusivamente en maximizar las ganancias a corto plazo, a menudo a expensas del medio ambiente y de las comunidades. Esto significó explotar recursos naturales sin pensar en las consecuencias a largo plazo, generar cantidades masivas de desechos y emisiones de carbono, y contribuir al cambio climático de manera significativa. Sin embargo, este enfoque es insostenible.

No solo porque daña el planeta, sino porque también pone en riesgo el propio futuro de la empresa.

Las empresas que adoptan la sostenibilidad como eje estratégico entienden que su éxito a largo plazo está intrínsecamente ligado al bienestar del planeta y de la sociedad. Esto significa que no solo buscan generar ganancias, sino hacerlo de una manera que sea compatible con el respeto al medio ambiente y a las personas. La sostenibilidad se convierte así en una ventaja competitiva, ya que los consumidores, cada vez más conscientes y preocupados por estos temas, tienden a preferir productos y servicios de empresas que demuestran un compromiso real con la sostenibilidad.

Una de las maneras más directas en que las empresas pueden ser sostenibles es gestionando sus recursos de manera responsable. Esto implica reducir el consumo de energía, agua y materias primas, y buscar fuentes renovables y recicladas siempre que sea posible. Por ejemplo, una empresa que fabrica productos puede optar por utilizar materiales reciclados en lugar de materias primas vírgenes, o puede invertir en tecnologías que reduzcan el consumo de agua en su proceso de producción. Estas prácticas no solo ayudan a preservar los recursos naturales, sino que también pueden reducir costos a largo plazo y mejorar la eficiencia operativa.

Otra área clave de la sostenibilidad es la gestión de los residuos. Durante mucho tiempo, las empresas han producido grandes cantidades de desechos que terminan en vertederos o, peor aún, en nuestros océanos y ecosistemas. Pero una empresa sostenible busca reducir, reutilizar y reciclar estos residuos. Un ejemplo de esto es el concepto de economía circular, donde los productos al final de su vida útil no se desechan, sino que se devuelven al ciclo de producción como nuevos recursos. Esto no solo reduce la cantidad de desechos, sino que también promueve la innovación y la eficiencia en el uso de los recursos.

La sostenibilidad también se extiende a la cadena de suministro. Las empresas no pueden considerarse verdaderamente sostenibles si sus proveedores no siguen prácticas responsables. Por lo tanto, una empresa que se toma en serio la sostenibilidad trabaja estrechamente con sus proveedores para asegurarse de que también estén comprometidos con la gestión responsable de los recursos, el respeto por los derechos humanos y la minimización del impacto ambiental. Esto puede incluir desde asegurarse de que los materiales provengan de fuentes certificadas hasta exigir condiciones laborales justas en las fábricas de sus proveedores.

La sostenibilidad no solo se refiere al medio ambiente, sino también al impacto social. Una empresa sostenible se preocupa por el bienestar de sus empleados, sus clientes y las comunidades en las que opera. Esto implica pagar salarios justos, proporcionar condiciones de trabajo seguras y saludables, y contribuir al desarrollo de las comunidades locales a través de iniciativas como la educación, la salud y la creación de empleo. También significa ser transparente y ético en todas sus operaciones, y actuar con integridad en todas las relaciones comerciales.

Además, las empresas sostenibles se esfuerzan por minimizar su huella de carbono, reconociendo el papel crucial que juegan en la lucha contra el cambio climático. Esto puede implicar la adopción de energías renovables, como la solar o la eólica, en lugar de depender de combustibles fósiles. También puede incluir la implementación de políticas de eficiencia energética, como la mejora de la eficiencia de los edificios, el uso de tecnologías de bajo consumo, y la reducción de emisiones en la logística y el transporte. Algunas empresas incluso se comprometen a ser "neutras en carbono", lo que significa que compensan todas sus emisiones de carbono invirtiendo en proyectos que absorben o reducen el carbono, como la reforestación o las energías renovables.

Otro aspecto importante de la sostenibilidad es la innovación. Las empresas que priorizan la sostenibilidad están constantemente buscando nuevas formas de hacer las cosas, desarrollando productos y servicios que sean menos dañinos para el medio ambiente o que ayuden a resolver problemas sociales y ambientales. Por ejemplo, muchas empresas están invirtiendo en el desarrollo de productos biodegradables, envases reciclables o soluciones que promuevan la eficiencia energética. La sostenibilidad, en este sentido, no es una barrera para la innovación, sino una fuente de nuevas ideas y oportunidades.

Además de los beneficios ambientales y sociales, la sostenibilidad también tiene un fuerte sentido económico. Las empresas que adoptan prácticas sostenibles a menudo encuentran que estas pueden conducir a ahorros significativos y a la creación de nuevas fuentes de ingresos. Por ejemplo, al reducir el consumo de energía y materiales, las empresas pueden reducir sus costos operativos. Asimismo, al desarrollar productos sostenibles, pueden acceder a nuevos mercados y atraer a consumidores que están dispuestos a pagar más por productos que alinean con sus valores.

Sin embargo, la sostenibilidad no es algo que se pueda lograr de la noche a la mañana. Requiere un compromiso a largo plazo y un enfoque estratégico. Las empresas deben integrar la sostenibilidad en todas las áreas de su negocio, desde la planificación estratégica hasta la toma de decisiones diarias. Esto puede requerir cambios en la cultura organizacional, nuevas inversiones en tecnología y procesos, y una mayor colaboración con todas las partes interesadas, incluidos los empleados, proveedores, clientes y la comunidad en general.

La comunicación también es clave en la sostenibilidad. Las empresas deben ser transparentes acerca de sus esfuerzos y progresos en sostenibilidad, informando a sus clientes y al público en general sobre lo que están haciendo y por qué. Esta transparencia no solo construye confianza, sino que también puede inspirar a otras empresas a seguir su ejemplo y a los consumidores a tomar decisiones más informadas. Las empresas que se comunican de manera efectiva sobre su compromiso con la sostenibilidad también pueden diferenciarse en el mercado y construir una marca fuerte y positiva.

En resumen, la sostenibilidad como eje estratégico es esencial para cualquier empresa que aspire a ser diferente y relevante en el futuro. No es solo una responsabilidad social o ambiental, sino una oportunidad para innovar, reducir costos, crear valor a largo plazo y construir una relación sólida y duradera con los clientes y la comunidad. Las empresas que entienden esto y que colocan la sostenibilidad en el centro de su estrategia estarán mejor posicionadas para enfrentar los desafíos del siglo XXI y para liderar con un propósito que va más allá de las ganancias a corto plazo. La sostenibilidad es, en última instancia, una inversión en el futuro, no solo de la empresa, sino del mundo en el que vivimos.

Diversidad e Inclusión

La diversidad y la inclusión son más que simples palabras de moda; son principios fundamentales para construir una empresa verdaderamente exitosa y diferente. En un mundo donde las barreras culturales, sociales y económicas están siendo derribadas, las empresas que abrazan la diversidad e inclusión no solo reflejan mejor la sociedad en la que operan, sino que también están mejor preparadas para innovar, adaptarse y crecer. Pero, ¿qué significan realmente estos términos, y por qué son tan importantes para el éxito empresarial?

Cuando hablamos de diversidad, nos referimos a la presencia de diferentes tipos de personas en una organización. Esto incluye, pero no se limita a, diversidad de género, raza, etnia, edad, orientación sexual, habilidades, experiencias y perspectivas. En una empresa diversa, las personas provienen de diferentes orígenes y traen consigo una amplia gama de ideas, enfoques y puntos de vista. Esta diversidad enriquece el ambiente de trabajo y permite a la empresa abordar problemas desde múltiples ángulos, lo que a menudo conduce a soluciones más creativas e innovadoras.

La inclusión, por otro lado, se refiere a cómo se valora y se respeta esa diversidad dentro de la organización. No basta con tener una plantilla diversa; es crucial que todas las personas se sientan valoradas, escuchadas y empoderadas para contribuir plenamente. La inclusión significa crear un ambiente donde cada persona pueda ser auténtica, donde se sienta segura para expresar sus ideas y donde sus contribuciones sean reconocidas y apreciadas. En una empresa inclusiva, nadie se siente excluido o marginado por ser diferente.

La combinación de diversidad e inclusión es poderosa porque no solo permite a las empresas atraer y retener a los mejores talentos, sino que también mejora la toma de decisiones, la innovación y la satisfacción del cliente. Cuando se reúnen personas con diferentes experiencias y perspectivas, es más probable que surjan ideas innovadoras que desafíen el status quo. Además, un entorno inclusivo donde se valoran todas las voces fomenta una mayor colaboración y un sentido de pertenencia, lo que a su vez aumenta la moral y el compromiso de los empleados.

Uno de los beneficios más evidentes de la diversidad e inclusión es la capacidad de la empresa para entender y servir mejor a una base de clientes global y diversa. Los consumidores de hoy son increíblemente diversos, y esperan que las empresas reflejen esa diversidad. Una empresa que cuenta con una plantilla diversa puede conectarse mejor con diferentes segmentos de clientes, entender sus necesidades y preferencias únicas, y ofrecer productos y servicios que realmente resuenen con ellos. Esto no solo mejora la satisfacción del cliente, sino que también puede abrir nuevas oportunidades de mercado y aumentar las ventas.

Sin embargo, lograr la verdadera diversidad e inclusión no es una tarea fácil, ni algo que suceda de la noche a la mañana. Requiere un compromiso genuino y continuo por parte de la alta dirección y una cultura organizacional que valore y promueva estos principios. Uno de los primeros pasos es reconocer que todos tenemos prejuicios inconscientes que pueden afectar nuestras decisiones y comportamientos. Estos prejuicios pueden influir en todo, desde a quién contratamos hasta cómo evaluamos el desempeño de los empleados. Por lo tanto, es crucial que las empresas tomen medidas proactivas para identificar y mitigar estos prejuicios, a través de la formación y la sensibilización.

Además, es importante establecer políticas y prácticas que promuevan la diversidad e inclusión en todos los niveles de la organización. Esto puede incluir políticas de contratación que busquen activamente atraer a candidatos diversos, programas de tutoría y desarrollo para apoyar a empleados de grupos subrepresentados, y la creación de grupos de afinidad donde los empleados puedan conectarse y apoyarse mutuamente. También es esencial medir y hacer un seguimiento del progreso en estas áreas, para asegurarse de que las iniciativas de diversidad e inclusión están teniendo el impacto deseado.

La inclusión también implica dar a todos los empleados las herramientas y los recursos que necesitan para tener éxito. Esto puede significar hacer ajustes razonables para las personas con discapacidades, proporcionar opciones de trabajo flexible para acomodar diferentes necesidades y responsabilidades, y asegurarse de que todos tengan acceso a oportunidades de desarrollo profesional. Cuando los empleados sienten que su empresa realmente se preocupa por su bienestar y desarrollo, están más comprometidos y motivados para dar lo mejor de sí mismos.

La comunicación es otro aspecto clave de la inclusión. Es importante que las empresas fomenten una cultura de comunicación abierta y honesta, donde los empleados se sientan cómodos compartiendo sus ideas, preocupaciones y sugerencias sin temor a represalias. Esto requiere líderes que estén dispuestos a escuchar activamente, a aprender de sus empleados y a actuar en función de lo que escuchan. También significa celebrar las diferencias y reconocer las contribuciones de todos, lo que refuerza la idea de que cada persona es valiosa y tiene algo único que ofrecer.

Un ejemplo concreto de cómo la diversidad e inclusión pueden transformar una empresa es el caso de Google. A lo largo de los años, Google ha trabajado arduamente para construir una cultura inclusiva, donde se valora la diversidad de pensamiento y se promueve la innovación. Han implementado programas para aumentar la representación de mujeres y minorías en la tecnología, y han creado un entorno donde las ideas y contribuciones de todos son valoradas. Este enfoque no solo ha permitido a Google atraer a algunos de los mejores talentos del mundo, sino que también ha ayudado a la empresa a mantenerse a la vanguardia de la innovación tecnológica.

Otro aspecto importante de la diversidad e inclusión es el impacto positivo en la reputación de la empresa. Las empresas que son vistas como diversas e inclusivas son más atractivas para los empleados, los clientes y los inversores. En un mercado cada vez más competitivo, tener una reputación positiva en estas áreas puede ser una ventaja significativa. Los empleados quieren trabajar para empresas que respeten sus valores y donde sientan que pueden ser ellos mismos. Los clientes, especialmente las generaciones más jóvenes, prefieren marcas que reflejen sus valores de diversidad e inclusión. Y los inversores están cada vez más interesados en apoyar a empresas que demuestren un compromiso con la responsabilidad social y la inclusión.

Sin embargo, es importante que las empresas aborden la diversidad e inclusión de manera auténtica. No se trata solo de cumplir con una cuota o de hacer marketing sobre lo bien que lo están haciendo. Los empleados y los clientes pueden detectar rápidamente cuando una empresa no es genuina en su compromiso con estos valores. La diversidad e inclusión deben ser una parte integral de la cultura y la estrategia de la empresa, no algo que se añade como un extra.

En resumen, la diversidad e inclusión no son solo buenas prácticas; son esenciales para el éxito y la sostenibilidad de cualquier empresa en el mundo moderno. Al valorar y aprovechar las diferencias, las empresas pueden ser más innovadoras, adaptables y competitivas. La inclusión garantiza que todas las voces sean escuchadas y que todos los empleados se sientan valorados, lo que a su vez fomenta un ambiente de trabajo más saludable, colaborativo y productivo. Las empresas que adoptan la diversidad e inclusión como pilares estratégicos no solo reflejan mejor la realidad de la sociedad en la que operan, sino que también están mejor posicionadas para prosperar en un mercado global y diverso. En última instancia, la diversidad e inclusión no son solo sobre hacer lo correcto, sino sobre hacer lo mejor para el futuro de la empresa y la sociedad en su conjunto.

Inteligencia Emocional en la Empresa

La inteligencia emocional es un concepto que ha ganado mucha relevancia en los últimos años, y no es difícil entender por qué. En un entorno empresarial donde las habilidades técnicas y el conocimiento son esenciales, la inteligencia emocional agrega una dimensión crítica al éxito organizacional. La inteligencia emocional, en términos simples, es la capacidad de entender, gestionar y utilizar las emociones, tanto propias como ajenas, de manera constructiva. En un mundo donde las interacciones humanas son inevitables, y a menudo complejas, la inteligencia emocional se convierte en un activo invaluable para cualquier empresa que aspire a ser diferente y a prosperar en el futuro.

Cuando hablamos de inteligencia emocional en la empresa, nos referimos a la habilidad de los empleados y líderes para manejar sus emociones de manera que beneficien tanto a ellos mismos como a la organización en su conjunto. Esto incluye la capacidad de mantener la calma bajo presión, de responder con empatía a las necesidades y preocupaciones de los demás, y de tomar decisiones que consideren no solo los aspectos racionales, sino también los emocionales. En un entorno donde las decisiones impulsivas o mal gestionadas pueden tener consecuencias graves, la inteligencia emocional ofrece un enfoque más equilibrado y efectivo.

Uno de los aspectos más importantes de la inteligencia emocional es la autoconciencia. La autoconciencia implica entender nuestras propias emociones, reconocer cómo influyen en nuestros pensamientos y comportamientos, y estar al tanto de nuestros puntos fuertes y débiles. En el contexto empresarial, un empleado o líder autoconciente es capaz de identificar cuándo sus emociones pueden estar nublando su juicio o afectando su rendimiento. Esta capacidad de introspección permite a las personas hacer ajustes en tiempo real, evitando que las emociones negativas dominen sus acciones y decisiones. Además, la autoconciencia promueve un sentido de autenticidad y transparencia, lo que fortalece la confianza y el respeto en el lugar de trabajo.

Otro componente crucial de la inteligencia emocional es la autogestión, que es la capacidad de controlar las propias emociones y comportamientos. En un entorno laboral, es normal enfrentarse a situaciones estresantes, conflictos y desafíos imprevistos. La autogestión permite a los empleados y líderes mantener la compostura, pensar con claridad y responder de manera adecuada, en lugar de reaccionar impulsivamente. Esta habilidad es especialmente importante en roles de liderazgo, donde las decisiones rápidas y a menudo difíciles son parte del día a día. Un líder que puede gestionar sus emociones con eficacia es capaz de tomar decisiones más informadas y de mantener un ambiente de trabajo positivo, incluso en tiempos de crisis.

La empatía es otro pilar de la inteligencia emocional y es vital en cualquier entorno empresarial. La empatía es la capacidad de ponerse en el lugar del otro, de comprender y compartir los sentimientos de los demás. En una empresa, la empatía permite a los empleados y líderes conectarse de manera más profunda con sus colegas, clientes y socios. Esto no solo mejora la comunicación y la colaboración, sino que también ayuda a construir relaciones más fuertes y duraderas. La empatía es especialmente importante en la gestión de equipos, donde entender las necesidades y preocupaciones de los empleados puede ser clave para motivarlos, resolver conflictos y crear un ambiente de trabajo más armonioso.

La inteligencia emocional también implica habilidades sociales, como la capacidad de construir y mantener relaciones efectivas, de influir en los demás de manera positiva y de manejar conflictos de manera constructiva. En el contexto empresarial, las habilidades sociales son esenciales para la colaboración y el trabajo en equipo. Un empleado o líder con fuertes habilidades sociales es capaz de trabajar bien con otros, de resolver disputas de manera pacífica y de inspirar a su equipo para alcanzar metas comunes. Estas habilidades son especialmente valiosas en un entorno donde el éxito depende de la cooperación y la sinergia entre diferentes individuos y departamentos.

Una de las ventajas más importantes de la inteligencia emocional en la empresa es su impacto en la cultura organizacional. Una cultura empresarial que valora y promueve la inteligencia emocional es una cultura donde las personas se sienten valoradas, comprendidas y apoyadas. Esto no solo mejora la satisfacción y el bienestar de los empleados, sino que también aumenta la productividad y el rendimiento. En un ambiente donde las emociones se gestionan de manera efectiva, los empleados están más motivados, son más creativos y están más comprometidos con los objetivos de la empresa. Además, una cultura de inteligencia emocional puede ayudar a atraer y retener el talento, ya que los empleados tienden a preferir trabajar en lugares donde se sienten emocionalmente conectados y apreciados.

La inteligencia emocional también juega un papel crucial en la toma de decisiones. Las decisiones empresariales a menudo implican un equilibrio entre la lógica y la emoción. Si bien los datos y los análisis son fundamentales, la forma en que se perciben y se interpretan estos datos puede estar influenciada por nuestras emociones. Un líder con alta inteligencia emocional es capaz de reconocer cuándo sus emociones o las de los demás podrían estar afectando la objetividad, y puede tomar medidas para asegurar que las decisiones sean racionales y equilibradas. Además, la inteligencia emocional permite a los líderes considerar el impacto emocional de sus decisiones en los empleados y otras partes interesadas, lo que es esencial para mantener un ambiente de trabajo positivo y cohesionado.

Otra área donde la inteligencia emocional es vital es en la gestión del cambio. El cambio es una constante en el mundo empresarial, y a menudo puede ser una fuente de estrés y ansiedad para los empleados. La inteligencia emocional permite a los líderes gestionar el cambio de manera que minimice la resistencia y maximice la aceptación. Esto se logra a través de la comunicación empática, la comprensión de las preocupaciones y temores de los empleados, y la creación de un ambiente de apoyo donde todos se sientan parte del proceso de cambio. Un líder emocionalmente inteligente puede guiar a su equipo a través de la incertidumbre y la transición, manteniendo la moral alta y asegurando que todos estén alineados con la nueva dirección.

Además, la inteligencia emocional es fundamental para el liderazgo. Los líderes emocionalmente inteligentes no solo son capaces de gestionar sus propias emociones, sino que también son expertos en gestionar las emociones de los demás. Esto les permite inspirar, motivar y guiar a sus equipos de manera efectiva. Un líder emocionalmente inteligente sabe cómo dar retroalimentación constructiva, cómo celebrar los éxitos y cómo apoyar a su equipo en los momentos difíciles. Estos líderes crean un ambiente de confianza y respeto, donde los empleados se sienten seguros para expresar sus ideas y asumir riesgos. En última instancia, el liderazgo basado en la inteligencia emocional es clave para construir una empresa exitosa, sostenible y humana.

Por supuesto, desarrollar la inteligencia emocional no es algo que suceda de la noche a la mañana. Requiere práctica, auto-reflexión y un compromiso genuino con el crecimiento personal. Las empresas que desean fomentar la inteligencia emocional en su organización pueden ofrecer formación y recursos para ayudar a los empleados y líderes a desarrollar estas habilidades. Esto puede incluir talleres sobre gestión del estrés, cursos de comunicación efectiva, y programas de mentoría y coaching. Al invertir en el desarrollo de la inteligencia emocional, las empresas no solo mejoran el bienestar de sus empleados, sino que también fortalecen su capacidad para enfrentar los desafíos del futuro con resiliencia y confianza.

En resumen, la inteligencia emocional es una habilidad esencial en el mundo empresarial moderno. Va más allá de las habilidades técnicas y del conocimiento, y se centra en la capacidad de entender y gestionar las emociones de manera efectiva. Al fomentar la autoconciencia, la autogestión, la empatía y las habilidades sociales, la inteligencia emocional permite a las personas y a las empresas prosperar en un entorno cada vez más complejo y dinámico. Es una herramienta poderosa para mejorar la toma de decisiones, la gestión del cambio, el liderazgo y la cultura organizacional. En un mundo donde las interacciones humanas son clave para el éxito, la inteligencia emocional no es solo una ventaja competitiva, sino una necesidad fundamental para construir una empresa diferente, innovadora y sostenible.

Talento del Futuro

El concepto de "talento del futuro" es uno que está redefiniendo la manera en que las empresas piensan sobre su fuerza laboral. En un mundo donde el cambio es la única constante, las habilidades y competencias que fueron valiosas ayer pueden no serlo mañana. Las empresas que desean ser diferentes y sobresalir en un mercado cada vez más competitivo deben comprender qué tipo de talento necesitarán para enfrentar los desafíos del futuro. Más allá de las habilidades técnicas, el talento del futuro debe estar preparado para un entorno laboral dinámico, caracterizado por la innovación constante, la tecnología en rápida evolución y la necesidad de adaptarse a nuevas formas de trabajar.

Para entender lo que implica ser parte del "talento del futuro", primero debemos reconocer que el futuro del trabajo no será como el pasado o el presente. Las tendencias globales como la automatización, la inteligencia artificial, el trabajo remoto y la economía del conocimiento están cambiando radicalmente la naturaleza del empleo. En este contexto, las habilidades técnicas, aunque todavía importantes, ya no son suficientes. Las empresas están buscando empleados que no solo dominen las herramientas de hoy, sino que también sean capaces de aprender y adaptarse rápidamente a las herramientas de mañana. La capacidad de aprender de forma continua, conocida como "aprendizaje a lo largo de la vida", se está convirtiendo en una de las competencias más valoradas.

Además del aprendizaje continuo, el talento del futuro debe ser resiliente y adaptable. La resiliencia, en este caso, se refiere a la capacidad de superar desafíos, aprender de los fracasos y seguir adelante a pesar de las dificultades. En un mundo donde las crisis económicas, las disrupciones tecnológicas y los cambios sociales pueden surgir de la nada, los empleados que pueden mantener la calma y encontrar soluciones creativas son invaluables. La adaptabilidad, por otro lado, es la capacidad de ajustar rápidamente el enfoque y la mentalidad a nuevas circunstancias. Las empresas necesitan personas que puedan cambiar de marcha con facilidad, que no se asusten por lo desconocido y que vean el cambio como una oportunidad en lugar de una amenaza.

Otro aspecto fundamental del talento del futuro es la competencia digital. La tecnología está en el corazón de casi todas las industrias, y aquellos que no pueden manejar las herramientas digitales quedarán inevitablemente rezagados. Sin embargo, la competencia digital va más allá de simplemente saber usar un ordenador o un software. Implica la capacidad de entender cómo las tecnologías emergentes, como la inteligencia artificial, la automatización y el análisis de datos, pueden ser aprovechadas para mejorar procesos, tomar decisiones informadas y crear valor. El talento del futuro no solo debe ser capaz de utilizar estas tecnologías, sino también de comprender sus implicaciones éticas y de negocios.

La creatividad y la innovación también son características clave del talento del futuro. A medida que las tareas rutinarias y repetitivas son cada vez más realizadas por máquinas, las habilidades humanas, como la creatividad, se vuelven más valiosas. Las empresas buscan empleados que puedan pensar "fuera de la caja", que puedan generar nuevas ideas y enfoques, y que no tengan miedo de desafiar el status quo. La innovación no se trata solo de crear nuevos productos o servicios, sino también de encontrar maneras más eficientes y efectivas de hacer las cosas. En un entorno donde la competencia es feroz, la capacidad de innovar puede ser la diferencia entre el éxito y el fracaso.

Además, el talento del futuro debe ser colaborativo y capaz de trabajar en equipo. En la economía del conocimiento, el trabajo ya no se realiza en silos; la mayoría de los proyectos requieren la colaboración de personas con diferentes habilidades y perspectivas. La capacidad de trabajar bien con otros, de comunicarse de manera efectiva y de contribuir a un equipo es esencial. Esto incluye no solo la colaboración interna dentro de la empresa, sino también la capacidad de trabajar con socios externos, clientes y comunidades. Las habilidades de comunicación, tanto verbales como escritas, son fundamentales en este aspecto. Un miembro del equipo que puede expresar sus ideas claramente y escuchar las de los demás tiene una ventaja significativa en cualquier entorno colaborativo.

La mentalidad global es otra característica importante del talento del futuro. En un mundo cada vez más interconectado, las empresas operan a menudo en múltiples países y culturas. Tener una mentalidad global significa ser consciente de las diferencias culturales, ser capaz de trabajar con personas de diferentes orígenes y estar abierto a diferentes formas de pensar y hacer negocios. La diversidad no es solo una cuestión interna, sino también externa, y aquellos que pueden navegar en un entorno globalizado estarán mejor preparados para tener éxito. Esto también implica un compromiso con la responsabilidad social y la sostenibilidad, ya que las empresas del futuro estarán cada vez más obligadas a considerar su impacto en el mundo.

El liderazgo es otro aspecto clave del talento del futuro, y no solo para aquellos en roles de gestión. El liderazgo en este contexto significa tomar la iniciativa, ser proactivo y guiar a otros hacia el logro de objetivos comunes. Las empresas buscan personas que no esperen instrucciones, sino que identifiquen oportunidades y problemas por sí mismas y tomen medidas para abordarlos. El liderazgo también implica la capacidad de inspirar y motivar a los demás, de construir relaciones sólidas y de fomentar un ambiente de trabajo positivo. En un entorno donde los equipos pueden ser dispersos geográficamente y donde el trabajo remoto es cada vez más común, el liderazgo efectivo es más importante que nunca.

Además de estas competencias, el talento del futuro también debe estar alineado con los valores y la misión de la empresa. En un entorno donde los empleados buscan un sentido de propósito en su trabajo, las empresas que pueden atraer y retener el mejor talento son aquellas que tienen una misión clara y valores sólidos. Los empleados quieren trabajar para empresas que reflejen sus propios principios, que se comprometan con la sostenibilidad, la inclusión y la responsabilidad social. Por lo tanto, las empresas que desean atraer al talento del futuro deben asegurarse de que su misión y valores no solo sean comunicados, sino también vividos en todas las áreas de la organización.

Un ejemplo concreto de lo que significa ser parte del talento del futuro es la creciente demanda de habilidades en la tecnología verde y la sostenibilidad. A medida que el cambio climático y la escasez de recursos se convierten en problemas globales apremiantes, las empresas están buscando personas que no solo comprendan estos desafíos, sino que también puedan desarrollar soluciones innovadoras para abordarlos. Esto puede incluir desde la ingeniería de energías renovables hasta la implementación de prácticas empresariales sostenibles. Los empleados que pueden combinar una comprensión profunda de la sostenibilidad con habilidades técnicas avanzadas estarán en alta demanda en los próximos años.

Finalmente, es importante recordar que el talento del futuro no es solo una cuestión de habilidades técnicas o competencias específicas, sino también de mentalidad. Las empresas que desean ser diferentes y exitosas en el futuro deben cultivar una mentalidad de crecimiento en su fuerza laboral. Esto significa estar dispuesto a aprender, a adaptarse y a evolucionar continuamente. Significa estar abierto a nuevas ideas y perspectivas, y estar dispuesto a asumir riesgos y a aprender de los errores. En un entorno donde el cambio es inevitable, la capacidad de crecer y evolucionar será una de las competencias más valiosas que cualquier empleado pueda poseer.

En resumen, el talento del futuro es mucho más que un conjunto de habilidades técnicas. Es una combinación de resiliencia, adaptabilidad, competencia digital, creatividad, colaboración, mentalidad global, liderazgo y alineación con los valores de la empresa. Es la capacidad de aprender y crecer continuamente, de enfrentarse a desafíos con confianza y de ver el cambio como una oportunidad en lugar de una amenaza. Las empresas que reconocen y cultivan este tipo de talento estarán mejor preparadas para enfrentar los desafíos del futuro, para innovar y para prosperar en un mundo en constante evolución. En última instancia, el talento del futuro es la clave para construir una empresa verdaderamente diferente, capaz de marcar la diferencia en el mercado y en la sociedad.

Paulette Durand

Estructuras Organizativas Flexibles

Las estructuras organizativas flexibles son un concepto que está transformando la forma en que las empresas operan en el mundo moderno. Tradicionalmente, las organizaciones han sido diseñadas con jerarquías rígidas y claras líneas de mando, donde cada empleado tiene un rol bien definido y reporta a un superior específico. Sin embargo, en un entorno empresarial que cambia rápidamente, estas estructuras pueden volverse obsoletas y limitantes. Las empresas que desean ser diferentes y exitosas en el futuro necesitan adoptar estructuras más ágiles y flexibles, que les permitan adaptarse rápidamente a las nuevas oportunidades y desafíos.

Una estructura organizativa flexible es, en esencia, una que puede cambiar y adaptarse según las necesidades del negocio. En lugar de seguir un organigrama rígido, estas estructuras permiten que los equipos se formen y se desintegren según los proyectos en curso. Por ejemplo, en lugar de tener departamentos separados que trabajan de manera independiente, una organización flexible podría formar equipos multidisciplinarios para abordar problemas específicos o desarrollar nuevos productos.

Estos equipos pueden estar compuestos por personas de diferentes áreas, como marketing, desarrollo de productos, ventas y tecnología, que trabajan juntos para lograr un objetivo común.

Este enfoque tiene varias ventajas. Primero, fomenta la innovación. Cuando personas con diferentes habilidades y perspectivas trabajan juntas, es más probable que surjan ideas nuevas y creativas. En lugar de estar limitados por las fronteras de un departamento, los empleados pueden colaborar más libremente y aprovechar el conocimiento colectivo de la organización. Esto es particularmente importante en un entorno donde la innovación es clave para mantenerse competitivo. Las empresas que adoptan estructuras flexibles pueden adaptarse rápidamente a los cambios en el mercado, lanzar nuevos productos más rápido y responder mejor a las necesidades de los clientes.

Otro beneficio de las estructuras organizativas flexibles es la capacidad de responder más rápidamente a los cambios en el entorno empresarial. En un mundo donde las tecnologías emergentes, las fluctuaciones del mercado y las expectativas de los clientes pueden cambiar de un momento a otro, las empresas necesitan ser ágiles. Las organizaciones rígidas y jerárquicas a menudo tienen dificultades para adaptarse a estos cambios porque cada decisión debe pasar por múltiples niveles de aprobación. En cambio, una estructura flexible permite que los equipos tomen decisiones rápidamente y actúen con rapidez, lo que les da una ventaja competitiva significativa.

Además, las estructuras flexibles pueden mejorar la moral y la satisfacción de los empleados. En una organización tradicional, los empleados a menudo se sienten atrapados en sus roles, sin mucha oportunidad de crecer o cambiar. Sin embargo, en una organización flexible, los empleados tienen la oportunidad de trabajar en diferentes proyectos, adquirir nuevas habilidades y asumir diferentes roles según sus intereses y habilidades. Esto no solo mantiene a los empleados motivados y comprometidos, sino que también les permite desarrollar una amplia gama de competencias, lo que los hace más valiosos para la organización y para sus futuras carreras.

La flexibilidad también puede ayudar a las empresas a atraer y retener talento. Las generaciones más jóvenes de trabajadores valoran la autonomía, la oportunidad de aprender y la posibilidad de trabajar en proyectos significativos. Las empresas que pueden ofrecer este tipo de entorno son más atractivas para los talentos más brillantes y motivados. Además, en un entorno flexible, los empleados tienen más control sobre su trabajo y pueden equilibrar mejor sus responsabilidades profesionales y personales. Esto es especialmente importante en un mundo donde el trabajo remoto y el trabajo flexible son cada vez más comunes.

Sin embargo, la adopción de estructuras organizativas flexibles no está exenta de desafíos. Uno de los mayores desafíos es la necesidad de una comunicación clara y efectiva. En una organización flexible, donde los equipos pueden formarse y disolverse rápidamente, es crucial que todos estén alineados y comprendan claramente los objetivos y expectativas.

Esto requiere un esfuerzo consciente para mantener a todos informados y para asegurarse de que la información fluya de manera eficiente a través de la organización. La falta de comunicación puede llevar a malentendidos, duplicación de esfuerzos y, en última instancia, a la ineficiencia.

Otro desafío es la necesidad de líderes que puedan gestionar en un entorno flexible. En una organización tradicional, los líderes a menudo se centran en la gestión de tareas y en asegurarse de que los empleados cumplan con sus responsabilidades. Sin embargo, en una organización flexible, los líderes deben ser más facilitadores que directores. Esto significa que deben ser capaces de empoderar a sus equipos, de proporcionar orientación cuando sea necesario, pero también de darles el espacio y la autonomía para tomar decisiones y actuar por su cuenta. Los líderes en organizaciones flexibles deben estar cómodos con la ambigüedad y ser capaces de gestionar el cambio de manera efectiva.

Además, las estructuras organizativas flexibles requieren un enfoque diferente de la gestión del rendimiento. En una organización tradicional, el rendimiento se mide a menudo en función de la capacidad de un empleado para cumplir con sus tareas asignadas y alcanzar objetivos específicos. Sin embargo, en una organización flexible, el rendimiento se mide más por la capacidad de un empleado para adaptarse a nuevos roles, para contribuir a diferentes proyectos y para colaborar de manera efectiva con otros. Esto requiere un cambio en la forma en que se establecen los objetivos y en cómo se evalúa el éxito. Las empresas deben desarrollar métricas de rendimiento que reflejen la naturaleza dinámica y multidimensional de los roles en una organización flexible.

La tecnología también juega un papel crucial en el apoyo a las estructuras organizativas flexibles. Las herramientas de colaboración digital, como las plataformas de gestión de proyectos, las aplicaciones de comunicación y las herramientas de trabajo remoto, son esenciales para mantener a los equipos conectados y coordinados. Estas herramientas permiten a los equipos trabajar juntos de manera efectiva, sin importar dónde se encuentren físicamente.

Además, la tecnología puede ayudar a las empresas a rastrear el progreso de los proyectos, a gestionar los recursos de manera más eficiente y a garantizar que todos estén alineados con los objetivos estratégicos de la organización.

Es importante destacar que la flexibilidad no significa falta de estructura o caos. De hecho, para que una organización flexible funcione de manera efectiva, debe haber un marco claro que guíe cómo se forman los equipos, cómo se toman las decisiones y cómo se gestionan los recursos. Esto puede incluir políticas y procedimientos que establezcan cómo se deben manejar los cambios, cómo se debe comunicar la información y cómo se deben resolver los conflictos. Un marco sólido permite que la organización sea flexible sin perder el control ni la coherencia.

En resumen, las estructuras organizativas flexibles son una respuesta a las demandas del entorno empresarial moderno. Permiten a las empresas ser más ágiles, innovadoras y receptivas a los cambios. Al mismo tiempo, ofrecen a los empleados más autonomía, oportunidades de desarrollo y una mayor satisfacción en el trabajo. Sin embargo, para implementar con éxito una estructura flexible, las empresas deben superar desafíos como la necesidad de una comunicación clara, un liderazgo efectivo y un enfoque adecuado para la gestión del rendimiento. Al hacerlo, pueden crear una organización que no solo sea capaz de prosperar en el presente, sino que también esté preparada para enfrentar los desafíos del futuro.

Trabajo Remoto y Híbrido

El trabajo remoto y híbrido ha dejado de ser una tendencia pasajera para convertirse en una realidad permanente en el mundo laboral. Lo que alguna vez fue una excepción o un privilegio reservado para unos pocos, hoy es una práctica común adoptada por empresas de todos los tamaños y sectores. Este cambio ha transformado radicalmente la forma en que las empresas operan y cómo los empleados experimentan su trabajo. En un entorno donde la flexibilidad y la adaptación son clave para el éxito, el trabajo remoto e híbrido no solo ofrecen nuevas oportunidades, sino que también presentan desafíos únicos que las empresas deben abordar para ser verdaderamente diferentes y exitosas.

El trabajo remoto, como su nombre indica, es la posibilidad de que los empleados realicen sus tareas desde cualquier lugar fuera de la oficina tradicional, ya sea desde su hogar, una cafetería, un espacio de coworking, o incluso mientras viajan. Esta modalidad de trabajo se ha vuelto cada vez más popular debido a los avances tecnológicos que permiten a las personas mantenerse conectadas y productivas sin necesidad de estar físicamente presentes en un solo lugar. El acceso a internet de alta velocidad, las herramientas de colaboración en línea y las plataformas de videoconferencia han facilitado que los equipos trabajen juntos, sin importar la distancia geográfica.

Por otro lado, el trabajo híbrido combina lo mejor de ambos mundos: permite a los empleados dividir su tiempo entre trabajar desde casa y trabajar en la oficina. Esto ofrece una mayor flexibilidad, permitiendo a las personas aprovechar los beneficios de trabajar desde casa, como la comodidad y el ahorro de tiempo en los desplazamientos, mientras mantienen la opción de colaborar cara a cara con sus colegas en la oficina cuando sea necesario. El modelo híbrido es particularmente atractivo porque reconoce que no todos los trabajos o todas las tareas se adaptan perfectamente a un entorno completamente remoto. Hay momentos en los que la interacción en persona es invaluable, y el trabajo híbrido permite a las empresas equilibrar esas necesidades.

Uno de los beneficios más evidentes del trabajo remoto y híbrido es el aumento en la flexibilidad para los empleados. Este tipo de configuración laboral permite a las personas gestionar mejor su tiempo y equilibrar sus responsabilidades personales y profesionales. La capacidad de trabajar desde casa significa que los empleados pueden, por ejemplo, atender a sus familias, evitar largos desplazamientos, y organizar su día de manera que puedan ser más productivos en los momentos que mejor les convengan. Esta flexibilidad puede llevar a una mayor satisfacción laboral, lo que, a su vez, puede traducirse en un menor índice de rotación y en empleados más comprometidos y leales a la empresa.

Otro beneficio importante es la expansión del acceso al talento. Las empresas ya no están limitadas a contratar personas que viven cerca de sus oficinas. Pueden buscar y contratar a los mejores talentos, sin importar dónde se encuentren en el mundo. Esto es especialmente valioso en campos altamente especializados, donde encontrar a las personas con las habilidades adecuadas puede ser un desafío. Al permitir el trabajo remoto, las empresas pueden acceder a una reserva mucho más amplia de candidatos, lo que puede ser una ventaja competitiva significativa. Además, al ofrecer opciones de trabajo flexible, las empresas se vuelven más atractivas para los candidatos que buscan un mejor equilibrio entre la vida laboral y personal.

Sin embargo, el trabajo remoto y híbrido también presenta desafíos que las empresas deben gestionar con cuidado. Uno de los mayores desafíos es mantener la cohesión y la cultura de la empresa cuando los empleados no están físicamente presentes en un solo lugar. La interacción cara a cara es una parte importante de cómo se construyen las relaciones y se fomenta la colaboración. Cuando los empleados trabajan de manera remota, puede ser más difícil crear un sentido de pertenencia y asegurar que todos estén alineados con los valores y objetivos de la empresa. Para superar este desafío, las empresas deben ser proactivas en la creación de oportunidades para la interacción social y la colaboración en línea, utilizando herramientas digitales para fomentar la comunicación abierta y el trabajo en equipo.

Otro desafío es la gestión del rendimiento en un entorno remoto o híbrido. En la oficina, los gerentes pueden observar a sus empleados y ofrecer retroalimentación en tiempo real. Sin embargo, cuando los empleados trabajan desde casa, los gerentes deben confiar más en los resultados y menos en la supervisión directa. Esto requiere un cambio de mentalidad, pasando de un enfoque en el control y la presencia física a uno que se centra en la confianza y la responsabilidad. Las empresas deben establecer métricas claras de rendimiento y expectativas que permitan a los empleados saber lo que se espera de ellos, sin necesidad de una supervisión constante. Al mismo tiempo, los gerentes deben estar disponibles para apoyar a sus equipos y ofrecer orientación cuando sea necesario.

La tecnología juega un papel fundamental en el éxito del trabajo remoto y híbrido. Sin las herramientas adecuadas, puede ser difícil para los empleados mantenerse productivos y conectados. Las empresas deben invertir en plataformas de comunicación y colaboración que faciliten el trabajo en equipo, así como en soluciones de seguridad que protejan la información sensible de la empresa cuando los empleados acceden a ella desde ubicaciones remotas. Además, es importante que las empresas brinden capacitación y soporte técnico para garantizar que todos los empleados puedan utilizar estas herramientas de manera efectiva. La tecnología también puede ayudar a las empresas a monitorear el bienestar de sus empleados, asegurándose de que no se sientan aislados o desconectados cuando trabajan desde casa.

Otro aspecto importante a considerar es el impacto del trabajo remoto y híbrido en la salud mental de los empleados. Si bien trabajar desde casa puede ofrecer comodidad y flexibilidad, también puede llevar a sentimientos de aislamiento o desconexión si no se maneja adecuadamente. La falta de interacción social, la dificultad para desconectar al final del día y las distracciones en el hogar son algunos de los desafíos que pueden afectar la salud mental de los empleados remotos. Las empresas deben ser conscientes de estos riesgos y tomar medidas para apoyar el bienestar de sus empleados. Esto puede incluir la promoción de una cultura de equilibrio entre la vida laboral y personal, la organización de actividades sociales en línea, y la oferta de recursos y servicios de salud mental.

El trabajo remoto y híbrido también puede tener implicaciones para la infraestructura física de las empresas. Con menos empleados presentes en la oficina a tiempo completo, las empresas pueden reconsiderar su necesidad de espacio físico. Esto podría llevar a una reducción en los costos inmobiliarios, o a una reevaluación del diseño de las oficinas para adaptarse mejor a un entorno híbrido. Por ejemplo, en lugar de dedicar grandes áreas a oficinas individuales, las empresas podrían optar por espacios de trabajo compartidos, salas de reuniones flexibles y áreas de colaboración que se adapten a las necesidades cambiantes de los empleados. Este enfoque no solo puede ser más eficiente en términos de costos, sino que también puede crear un entorno de trabajo más dinámico y adaptado a las necesidades del equipo.

Finalmente, es importante reconocer que el éxito del trabajo remoto e híbrido depende en gran medida de la cultura organizacional. Las empresas que prosperan en este entorno son aquellas que han construido una cultura de confianza, flexibilidad y apoyo mutuo. Esto significa que los empleados deben sentirse empoderados para tomar decisiones y gestionar su propio tiempo, sabiendo que tienen el respaldo de sus gerentes y colegas. Al mismo tiempo, las empresas deben ser transparentes en su comunicación y estar dispuestas a adaptarse y aprender a medida que navegan por este nuevo panorama laboral. La cultura de la empresa debe reflejar un compromiso con el bienestar y el éxito de todos sus empleados, independientemente de dónde trabajen.

En resumen, el trabajo remoto y híbrido no es solo una tendencia pasajera, sino una evolución en la forma en que las empresas operan y cómo los empleados experimentan su trabajo. Ofrece una flexibilidad sin precedentes, acceso a un mayor talento y la oportunidad de crear un entorno laboral más equilibrado y productivo. Sin embargo, también presenta desafíos que requieren un enfoque consciente y estratégico, desde la gestión del rendimiento hasta el mantenimiento de la cultura empresarial. Las empresas que logren navegar con éxito estos desafíos estarán mejor posicionadas para atraer y retener talento, impulsar la innovación y mantenerse competitivas en un mundo en constante cambio.

Propósito y Responsabilidad Social

En el pasado, el éxito empresarial se medía casi exclusivamente en términos de ganancias y crecimiento económico. Las empresas se centraban en maximizar los beneficios para sus accionistas y en expandirse lo más rápido posible, sin prestar mucha atención al impacto que sus operaciones pudieran tener en la sociedad o en el medio ambiente. Sin embargo, en los últimos años, este enfoque ha comenzado a cambiar de manera significativa. Hoy en día, cada vez más empresas reconocen que para ser verdaderamente exitosas, deben ir más allá de los beneficios financieros y asumir un papel activo en la creación de un mundo mejor. Este cambio de enfoque se refleja en la creciente importancia del propósito y la responsabilidad social como pilares centrales de la estrategia empresarial.

El propósito de una empresa es su razón de ser más allá de generar ganancias. Es lo que la motiva, lo que guía sus decisiones y lo que le da significado a su existencia. Una empresa con un propósito claro no solo se centra en vender productos o servicios, sino en cómo esos productos o servicios pueden contribuir positivamente a la sociedad. Este propósito se convierte en la brújula que dirige todas las acciones de la empresa, desde la forma en que trata a sus empleados hasta cómo interactúa con sus clientes y el impacto que tiene en el medio ambiente. Un propósito sólido no solo atrae a clientes leales, sino que también motiva a los empleados, quienes se sienten parte de algo más grande que ellos mismos.

La responsabilidad social, por otro lado, se refiere a la obligación que tienen las empresas de actuar de manera ética y de contribuir al bienestar de la sociedad. Esto significa que las empresas no pueden operar en un vacío; deben ser conscientes de cómo sus actividades afectan a las personas y al planeta, y deben tomar medidas activas para minimizar cualquier impacto negativo. La responsabilidad social abarca una amplia gama de prácticas, desde el respeto a los derechos humanos y la promoción de la diversidad e inclusión, hasta la reducción de la huella de carbono y el apoyo a las comunidades locales. En un mundo donde los consumidores y empleados son cada vez más conscientes de los problemas sociales y ambientales, la responsabilidad social ya no es una opción, sino una necesidad.

El propósito y la responsabilidad social están estrechamente interconectados. Una empresa con un propósito claro y auténtico está más inclinada a asumir su responsabilidad social de manera genuina. Por ejemplo, si una empresa tiene como propósito mejorar la salud de las personas, es lógico que también se comprometa a ofrecer productos seguros y de alta calidad, a promover un estilo de vida saludable, y a minimizar su impacto ambiental en la producción de esos productos. Este tipo de alineación entre propósito y responsabilidad social no solo beneficia a la sociedad, sino que también fortalece la marca de la empresa, creando una conexión más profunda y duradera con sus clientes.

Sin embargo, para que el propósito y la responsabilidad social sean efectivos, deben ser auténticos. Las empresas no pueden simplemente adoptarlos como un truco de marketing o como una forma de mejorar su imagen pública. Los consumidores de hoy son extremadamente hábiles para detectar cuando una empresa está siendo insincera o simplemente siguiendo una tendencia. Si una empresa declara que tiene un propósito, pero no respalda esa declaración con acciones concretas, corre el riesgo de ser vista como hipócrita, lo que puede dañar su reputación y alienar a sus clientes y empleados. Por lo tanto, es crucial que las empresas se comprometan verdaderamente con su propósito y responsabilidad social, y que demuestren su compromiso a través de acciones tangibles y medibles.

Además de ser lo correcto, adoptar un enfoque basado en el propósito y la responsabilidad social también tiene sentido desde una perspectiva empresarial. Las investigaciones han demostrado que las empresas que se centran en el propósito y en la responsabilidad social tienden a ser más exitosas a largo plazo. Los consumidores están cada vez más dispuestos a apoyar a las empresas que comparten sus valores, y muchas personas están dispuestas a pagar más por productos y servicios de empresas que se alinean con sus creencias. Asimismo, los empleados, especialmente las generaciones más jóvenes, prefieren trabajar para empresas que tienen un propósito claro y que demuestran un compromiso genuino con la responsabilidad social. Esto significa que las empresas con un fuerte enfoque en el propósito y la responsabilidad social pueden atraer y retener mejor a los talentos.

El papel de las empresas en la sociedad ha evolucionado. Hoy en día, las empresas no solo tienen la oportunidad, sino también la responsabilidad, de abordar algunos de los desafíos más apremiantes del mundo, como el cambio climático, la desigualdad social, y la falta de acceso a servicios básicos como la salud y la educación. Al adoptar un propósito claro y al asumir su responsabilidad social, las empresas pueden ser agentes de cambio positivo. Por ejemplo, una empresa que se compromete a reducir su impacto ambiental puede liderar la transición hacia una economía más sostenible, inspirando a otras empresas a seguir su ejemplo. Del mismo modo, una empresa que se enfoca en la equidad de género puede ayudar a cerrar la brecha de género en su industria, sirviendo como modelo a seguir para otras organizaciones.

Para integrar el propósito y la responsabilidad social en el núcleo de su negocio, las empresas deben comenzar por definir claramente su propósito. Esto implica ir más allá de una simple declaración de misión y reflexionar sobre las preguntas fundamentales: ¿Por qué existimos como empresa? ¿Qué queremos lograr en el mundo? ¿Cómo podemos utilizar nuestras capacidades y recursos para hacer una diferencia positiva? Una vez que se ha definido el propósito, es importante comunicarlo claramente a todos los niveles de la organización y asegurarse de que esté alineado con las estrategias y operaciones diarias de la empresa. El propósito no debe ser una idea abstracta, sino una guía práctica que informe cada decisión y acción de la empresa.

La responsabilidad social también debe ser integrada en todas las áreas de la empresa. Esto implica adoptar políticas y prácticas que reflejen un compromiso con los principios éticos, la sostenibilidad y el bienestar de la sociedad. Por ejemplo, las empresas pueden implementar políticas de diversidad e inclusión para asegurar que todos los empleados, independientemente de su género, raza, o identidad, tengan igualdad de oportunidades. Pueden adoptar prácticas sostenibles en sus cadenas de suministro para reducir su impacto ambiental. Pueden colaborar con organizaciones sin fines de lucro para apoyar causas importantes en sus comunidades. La responsabilidad social no es algo que se puede hacer de forma aislada; debe ser parte integral de la cultura y las operaciones de la empresa.

La medición y la transparencia son elementos clave para el éxito del propósito y la responsabilidad social. Las empresas deben establecer objetivos claros y medibles, y deben monitorear su progreso de manera regular. Esto no solo ayuda a la empresa a mantenerse en el buen camino, sino que también demuestra a los clientes, empleados y otras partes interesadas que la empresa está comprometida con sus valores. La transparencia es igualmente importante; las empresas deben ser abiertas y honestas acerca de sus éxitos y desafíos en su camino hacia el cumplimiento de su propósito y responsabilidad social. Esto construye confianza y fortalece la relación entre la empresa y sus partes interesadas.

Finalmente, es importante reconocer que el propósito y la responsabilidad social no son destinos, sino viajes continuos. Las expectativas de la sociedad y los desafíos globales están en constante evolución, y las empresas deben estar dispuestas a adaptarse y mejorar continuamente sus prácticas. Esto requiere una mentalidad de aprendizaje y un compromiso con la mejora continua. Las empresas que adoptan este enfoque no solo estarán mejor equipadas para enfrentar los desafíos del futuro, sino que también estarán mejor posicionadas para crear un impacto positivo duradero en la sociedad.

En conclusión, el propósito y la responsabilidad social son componentes esenciales de una empresa verdaderamente diferente y exitosa en el mundo moderno. Al adoptar un propósito claro y al asumir su responsabilidad social de manera genuina, las empresas pueden no solo prosperar económicamente, sino también contribuir al bienestar de la sociedad y del planeta. Este enfoque no solo es ético, sino que también es estratégico, ya que atrae a clientes leales, motiva a los empleados y crea una marca que perdura en el tiempo. Las empresas que logran integrar el propósito y la responsabilidad social en el núcleo de su negocio estarán mejor preparadas para enfrentar los desafíos del futuro y para construir un legado positivo que inspire a las generaciones venideras.

Comunicación Transparente y Auténtica

La comunicación es el corazón de cualquier empresa. Es el puente que conecta a los líderes con sus empleados, a las empresas con sus clientes, y a las organizaciones con el mundo exterior. Sin una comunicación efectiva, las mejores ideas pueden perderse, los equipos pueden desmoronarse, y las empresas pueden fracasar en su misión. En un mundo donde la confianza y la credibilidad son más importantes que nunca, la comunicación transparente y auténtica se ha convertido en un pilar fundamental para el éxito de cualquier empresa que aspire a ser diferente, innovadora y responsable.

La transparencia en la comunicación significa ser claro, honesto y abierto en todo momento. No se trata solo de compartir buenas noticias o éxitos, sino también de ser franco sobre los desafíos, errores y áreas de mejora. Las empresas que practican la transparencia crean un ambiente de confianza, donde los empleados se sienten valorados y los clientes sienten que están tratando con una organización genuina y ética. Esta confianza es crucial, ya que, en un mundo lleno de información, las personas son cada vez más capaces de identificar cuándo una empresa está siendo deshonesta o evasiva. La transparencia, por tanto, no es solo una buena práctica; es una necesidad para cualquier empresa que quiera ganarse la lealtad de sus empleados y clientes.

La autenticidad va de la mano con la transparencia. Ser auténtico significa ser fiel a los valores, misión y propósito de la empresa. Es mostrar la verdadera personalidad de la organización, sin pretensiones ni falsedades. La autenticidad es lo que permite a una empresa diferenciarse en un mercado saturado, donde muchas organizaciones parecen decir lo mismo y prometer lo mismo. Una empresa auténtica no teme mostrar su humanidad; reconoce sus fallas, celebra sus logros con humildad, y siempre se esfuerza por mejorar. La autenticidad es lo que hace que la comunicación sea significativa y resonante, permitiendo que la empresa conecte con las personas a un nivel más profundo.

La combinación de transparencia y autenticidad en la comunicación tiene un poderoso impacto en la cultura organizacional. Cuando los líderes comunican de manera transparente, establecen un estándar de honestidad que se refleja en toda la empresa. Los empleados se sienten más seguros para expresar sus opiniones, compartir ideas y hablar sobre problemas sin miedo a represalias. Esto crea un entorno de trabajo donde la colaboración florece y donde las personas se sienten empoderadas para contribuir con lo mejor de sí mismas. La transparencia también facilita la toma de decisiones, ya que todos los miembros del equipo tienen acceso a la misma información y pueden trabajar juntos hacia un objetivo común.

Para que la comunicación transparente y auténtica sea efectiva, debe ser constante y coherente. No puede ser algo que se haga de vez en cuando o solo cuando conviene. Las empresas deben comprometerse a comunicar de manera abierta en todas las circunstancias, incluso cuando las noticias no son las mejores. Esto incluye ser claros sobre la situación financiera de la empresa, sobre cambios estratégicos o sobre decisiones difíciles que puedan afectar a los empleados. La coherencia es clave; si una empresa dice una cosa y hace otra, rápidamente perderá credibilidad. Los líderes deben ser los primeros en dar el ejemplo, demostrando con sus acciones que valoran la transparencia y la autenticidad.

Un aspecto fundamental de la comunicación transparente y auténtica es la escucha activa. La comunicación no es solo hablar; es también escuchar con atención y responder de manera genuina. Las empresas que escuchan a sus empleados, clientes y otras partes interesadas están mejor equipadas para responder a sus necesidades y preocupaciones. La escucha activa implica crear canales donde las personas puedan expresar sus opiniones y asegurarse de que esas opiniones sean tenidas en cuenta en la toma de decisiones. Esto no solo mejora la satisfacción y el compromiso, sino que también puede ser una fuente invaluable de ideas e innovación.

Las empresas también deben ser conscientes de la importancia de la empatía en la comunicación. Ser transparente y auténtico no significa ser frío o indiferente; al contrario, requiere un enfoque empático, donde se consideren los sentimientos y perspectivas de los demás. Por ejemplo, al comunicar una decisión difícil, como recortes de personal o cambios significativos en la estrategia, es crucial hacerlo de una manera que muestre comprensión y respeto por aquellos afectados. La empatía en la comunicación ayuda a construir relaciones más fuertes y a mantener la moral alta, incluso en tiempos difíciles.

La comunicación transparente y auténtica también tiene un impacto directo en la relación con los clientes. Los consumidores de hoy valoran la honestidad y son más propensos a apoyar a empresas que son abiertas y francas sobre sus prácticas y productos. Las empresas que son transparentes acerca de cómo se fabrican sus productos, cómo se manejan sus operaciones y cómo tratan a sus empleados pueden ganar la lealtad de los clientes de manera más efectiva que aquellas que intentan ocultar la realidad detrás de una fachada de perfección. La autenticidad en la comunicación con los clientes también crea una conexión emocional, que puede ser una poderosa ventaja competitiva.

La tecnología ha cambiado la forma en que las empresas comunican, y esto ha hecho que la transparencia y la autenticidad sean aún más importantes. Con las redes sociales, los blogs, y otras plataformas digitales, las empresas tienen la capacidad de llegar a una audiencia global en tiempo real. Pero con esta capacidad viene la responsabilidad de ser coherentes y auténticos en todos los canales. Las empresas que tratan de manipular la percepción pública o que no son consistentes en su mensaje se exponen a críticas inmediatas y potencialmente dañinas. Por otro lado, las empresas que utilizan la tecnología para comunicar de manera abierta y honesta pueden fortalecer su reputación y crear una comunidad leal de seguidores.

Un desafío común que enfrentan las empresas al tratar de ser transparentes y auténticas es el temor a la vulnerabilidad. La transparencia a menudo requiere admitir errores o aceptar que no se tiene todas las respuestas, lo cual puede ser intimidante. Sin embargo, es importante recordar que la vulnerabilidad no es una debilidad; es una fortaleza. Las empresas que son capaces de mostrar su lado humano, reconocer sus errores y aprender de ellos, no solo ganan el respeto de sus empleados y clientes, sino que también establecen una cultura de mejora continua. Esta actitud de humildad y apertura puede ser una ventaja significativa en un entorno empresarial competitivo.

En resumen, la comunicación transparente y auténtica es esencial para construir una empresa que no solo sea exitosa, sino que también sea respetada y admirada. Al adoptar la transparencia y la autenticidad como principios rectores, las empresas pueden crear un ambiente de confianza, fomentar una cultura organizacional positiva y fortalecer su relación con clientes y empleados. En un mundo donde la confianza es cada vez más valiosa, la capacidad de comunicar de manera clara, honesta y empática es un diferenciador clave. Las empresas que dominan este arte estarán mejor posicionadas para enfrentar los desafíos del futuro y para construir relaciones duraderas y significativas con todas sus partes interesadas.

Relaciones con Clientes en la Era Digital

En la era digital, las relaciones con los clientes han cambiado de manera radical. Antes, las interacciones entre las empresas y sus clientes eran bastante sencillas y limitadas. Un cliente iba a una tienda, compraba un producto, y su experiencia con la marca terminaba allí. Pero con la llegada de internet, las redes sociales, y la tecnología móvil, esta dinámica ha evolucionado profundamente. Hoy en día, los clientes están más informados, más conectados, y tienen expectativas más altas que nunca. Entienden que tienen voz y poder, y esperan ser escuchados. Esto ha transformado la manera en que las empresas deben abordar las relaciones con los clientes, obligándolas a ser más ágiles, más personalizadas, y más comprometidas.

Uno de los cambios más significativos en la era digital es que las relaciones con los clientes ya no son transaccionales; son relacionales. Esto significa que las empresas ya no pueden simplemente vender un producto o servicio y dar por concluida la relación. Ahora, los clientes esperan un compromiso continuo. Quieren ser valorados como individuos, no como simples compradores. Esto requiere que las empresas inviertan en construir relaciones a largo plazo, basadas en la confianza, la lealtad y la comunicación constante. En lugar de centrarse únicamente en la venta, las empresas deben enfocar sus esfuerzos en entender a sus clientes, anticipar sus necesidades, y ofrecerles soluciones que realmente agreguen valor a sus vidas.

La personalización es clave en las relaciones con los clientes en la era digital. Los clientes de hoy están acostumbrados a experiencias altamente personalizadas, gracias a las plataformas digitales que utilizan en su vida diaria, como las redes sociales, las tiendas en línea, y los servicios de streaming. Esperan que las empresas les ofrezcan productos, servicios y comunicaciones que se adapten a sus preferencias individuales. La tecnología permite a las empresas recopilar y analizar grandes cantidades de datos sobre sus clientes, lo que les da la oportunidad de personalizar cada interacción. Sin embargo, esta personalización debe ser cuidadosa y respetuosa; los clientes valoran su privacidad, y las empresas deben encontrar el equilibrio adecuado entre personalización y respeto por la información personal.

Las redes sociales han revolucionado la forma en que las empresas interactúan con sus clientes. Estas plataformas ofrecen una vía directa y en tiempo real para comunicarse con los clientes, lo que ha cambiado el juego para la gestión de relaciones. Los clientes ahora pueden expresar sus opiniones, hacer preguntas, y recibir respuestas casi instantáneamente. Esto ha dado lugar a una expectativa de servicio al cliente más rápida y eficiente. Las empresas que no responden de manera oportuna o que no manejan adecuadamente las quejas en línea pueden enfrentar consecuencias negativas, ya que las experiencias negativas pueden difundirse rápidamente en el mundo digital. Por otro lado, las empresas que son receptivas, que responden con empatía, y que solucionan los problemas de manera efectiva, pueden ganar la lealtad y el respeto de sus clientes.

La era digital también ha democratizado el acceso a la información. Los clientes ahora pueden investigar y comparar productos y servicios fácilmente antes de tomar una decisión de compra. Pueden leer reseñas, ver calificaciones, y consultar las opiniones de otros usuarios en cuestión de minutos. Esto significa que las empresas ya no tienen el control total sobre la información que los clientes reciben sobre sus productos o servicios. En lugar de tratar de controlar la narrativa, las empresas deben abrazar esta transparencia y asegurarse de que sus productos y servicios cumplan con las expectativas del mercado. La calidad, la honestidad y la coherencia son más importantes que nunca, ya que los clientes pueden descubrir rápidamente si una empresa no cumple con sus promesas.

En la era digital, la fidelización de clientes ha adquirido un nuevo significado. Ya no se trata solo de ofrecer un buen producto o servicio, sino de crear experiencias memorables y significativas que mantengan a los clientes comprometidos con la marca. Esto puede lograrse de varias maneras: programas de recompensas personalizados, contenido exclusivo, interacciones personalizadas, y, lo más importante, un servicio al cliente excepcional. Las empresas deben esforzarse por sorprender y deleitar a sus clientes en cada oportunidad, demostrando que realmente los valoran y aprecian su lealtad. La tecnología permite a las empresas crear programas de fidelización sofisticados que se adaptan a los comportamientos y preferencias individuales de cada cliente, lo que puede ser un factor diferenciador clave en un mercado competitivo.

La retroalimentación del cliente se ha convertido en una herramienta invaluable en la era digital. Con la facilidad de las encuestas en línea, las reseñas, y las interacciones en redes sociales, las empresas tienen acceso directo a las opiniones de sus clientes como nunca antes. Esta retroalimentación puede ser utilizada para mejorar productos, ajustar estrategias de marketing, y mejorar el servicio al cliente. Sin embargo, no basta con recopilar esta información; las empresas deben actuar sobre ella. Los clientes quieren ver que sus opiniones son escuchadas y que sus sugerencias son tomadas en cuenta. Esto no solo mejora la experiencia del cliente, sino que también fortalece la relación entre la empresa y sus clientes, creando un ciclo positivo de mejora continua.

La velocidad es un factor crítico en las relaciones con los clientes en la era digital. Los clientes esperan respuestas rápidas a sus preguntas y soluciones inmediatas a sus problemas. Esto ha elevado las expectativas para el servicio al cliente, haciendo que la agilidad sea una necesidad. Las empresas deben estar preparadas para responder en tiempo real y para proporcionar soluciones rápidas y efectivas. Esto puede implicar el uso de chatbots, sistemas de respuesta automática, o equipos de servicio al cliente que estén disponibles las 24 horas del día. Sin embargo, es importante recordar que, aunque la velocidad es crucial, la calidad de la interacción no debe sacrificarse. Los clientes valoran la rapidez, pero también aprecian un trato amable, profesional y efectivo.

La tecnología ha permitido que las empresas globalicen sus operaciones y lleguen a clientes en cualquier parte del mundo. Esto presenta tanto oportunidades como desafíos en la gestión de relaciones con los clientes. Las empresas deben ser conscientes de las diferencias culturales y de las expectativas locales, y adaptar sus estrategias de comunicación y servicio en consecuencia. La capacidad de ofrecer un servicio personalizado y relevante en un contexto global es una de las claves para construir relaciones fuertes y duraderas con los clientes en la era digital. Esto puede requerir la localización de contenido, la adaptación de estrategias de marketing, y la creación de equipos de servicio al cliente que entiendan y respeten las culturas y expectativas de los diferentes mercados.

Finalmente, es importante reconocer que las relaciones con los clientes en la era digital no son estáticas; están en constante evolución. La tecnología sigue avanzando a un ritmo rápido, y con ella, las expectativas de los clientes también cambian. Las empresas deben estar preparadas para adaptarse continuamente, adoptando nuevas tecnologías, mejorando sus procesos, y manteniéndose al día con las tendencias emergentes. La innovación y la flexibilidad son esenciales para mantener relaciones sólidas con los clientes en un entorno digital que cambia rápidamente. Las empresas que son capaces de anticipar las necesidades de sus clientes y de adaptarse a estos cambios estarán mejor posicionadas para prosperar en el futuro.

En conclusión, las relaciones con los clientes en la era digital requieren un enfoque proactivo, personalizado y centrado en la experiencia del cliente. La tecnología ofrece numerosas oportunidades para mejorar estas relaciones, pero también plantea desafíos que deben ser gestionados con cuidado. La transparencia, la personalización, la velocidad, y la capacidad de adaptación son claves para construir y mantener relaciones sólidas con los clientes en un mundo digital. Las empresas que logren dominar estas habilidades no solo ganarán la lealtad de sus clientes, sino que también estarán mejor preparadas para enfrentar los desafíos del futuro y para aprovechar las oportunidades que presenta la era digital.

Colaboración y Co-Creación

En el mundo empresarial moderno, la idea de trabajar en silos, donde cada departamento opera de manera aislada, ya no tiene cabida. Las empresas que se destacan en la actualidad son aquellas que han abrazado la colaboración y la co-creación como elementos centrales de su estrategia. La colaboración va más allá del simple trabajo en equipo; es una filosofía que fomenta la sinergia entre diferentes áreas, personas y hasta organizaciones para alcanzar metas comunes. La co-creación, por su parte, lleva esta idea un paso más allá, invitando a los clientes, socios, y otros actores externos a participar activamente en el desarrollo de productos, servicios y soluciones. En este capítulo, exploraremos cómo la colaboración y la co-creación pueden transformar la manera en que las empresas operan, innovan y logran el éxito en un entorno altamente competitivo.

La colaboración es la base sobre la cual se construyen las organizaciones modernas. En lugar de depender de una estructura jerárquica rígida donde las decisiones y las ideas provienen de arriba hacia abajo, las empresas exitosas de hoy en día fomentan una cultura de trabajo en equipo donde todos los miembros tienen la oportunidad de contribuir. Esto no solo mejora la eficiencia y la productividad, sino que también enriquece la toma de decisiones al incorporar una diversidad de perspectivas y habilidades. La colaboración eficaz permite que las empresas respondan de manera más rápida y flexible a los desafíos y oportunidades del mercado, creando un ambiente donde la innovación puede florecer.

En este sentido, la tecnología ha jugado un papel crucial. Las herramientas de colaboración digital, como las plataformas de comunicación en línea, los sistemas de gestión de proyectos, y las aplicaciones de trabajo compartido, han eliminado las barreras geográficas y de tiempo, permitiendo a los equipos trabajar juntos desde cualquier parte del mundo. Esto ha abierto la puerta a la colaboración global, donde las empresas pueden aprovechar el talento y los recursos de diversas regiones y culturas. Sin embargo, la tecnología por sí sola no garantiza una colaboración efectiva; es necesario que exista una cultura organizacional que valore la cooperación, la confianza y la transparencia. La tecnología es un habilitador, pero son las personas las que hacen que la colaboración sea exitosa.

La co-creación, por otro lado, es una extensión natural de la colaboración. Es un proceso en el que las empresas invitan a sus clientes, socios, y otros interesados a participar activamente en la creación de valor. Este enfoque no solo ayuda a las empresas a entender mejor las necesidades y deseos de sus clientes, sino que también permite a los clientes sentirse más involucrados y comprometidos con la marca. La co-creación puede tomar muchas formas, desde el desarrollo conjunto de nuevos productos hasta la colaboración en campañas de marketing o la mejora de servicios existentes. Al involucrar a los clientes y otros socios en estos procesos, las empresas no solo generan ideas más innovadoras, sino que también construyen relaciones más fuertes y leales.

Un ejemplo claro de co-creación es el desarrollo de productos a través de la retroalimentación directa de los clientes. Las empresas pueden utilizar plataformas en línea, encuestas, y grupos focales para recopilar ideas, sugerencias y opiniones de sus clientes. Este enfoque permite a las empresas crear productos y servicios que están alineados con lo que los clientes realmente quieren y necesitan, reduciendo el riesgo de fracaso en el mercado. Además, cuando los clientes ven que sus opiniones son valoradas y que sus ideas se implementan, su lealtad hacia la marca aumenta significativamente. La co-creación no solo mejora los resultados comerciales, sino que también fortalece la conexión emocional entre la empresa y sus clientes.

Otro aspecto importante de la co-creación es la colaboración con otros socios empresariales. En lugar de ver a otras empresas como competidores, muchas organizaciones están adoptando un enfoque de colaboración, donde se unen para crear productos, servicios o soluciones que ninguno podría desarrollar por sí solo. Esta forma de colaboración, conocida como alianzas estratégicas, permite a las empresas combinar sus recursos, conocimientos y habilidades para alcanzar un objetivo común. Ya sea que se trate de una colaboración entre empresas de diferentes industrias, o entre empresas del mismo sector, las alianzas estratégicas pueden ser una fuente poderosa de innovación y crecimiento.

Para que la colaboración y la co-creación sean exitosas, es fundamental que existan ciertos elementos en la cultura organizacional. En primer lugar, debe haber un compromiso genuino con la apertura y la transparencia. Los empleados y socios deben sentirse cómodos compartiendo sus ideas, incluso si estas son poco convencionales o van en contra de la corriente. La diversidad de pensamiento es un motor clave de la innovación, y las empresas deben fomentar un ambiente donde se celebren las diferentes perspectivas y donde se anime a las personas a pensar de manera creativa.

En segundo lugar, la confianza es esencial. La colaboración efectiva no puede ocurrir en un entorno donde las personas se sienten inseguras o donde existe desconfianza entre los diferentes equipos o socios. La confianza se construye a través de la comunicación abierta, el respeto mutuo y el cumplimiento de los compromisos. Las empresas deben esforzarse por crear relaciones de confianza tanto dentro de la organización como con sus socios externos. Esto no solo facilita la colaboración, sino que también crea un entorno donde las personas están más dispuestas a asumir riesgos calculados y a experimentar con nuevas ideas.

La comunicación también juega un papel vital en la colaboración y la co-creación. Es fundamental que las empresas establezcan canales de comunicación claros y eficaces que permitan a los equipos compartir información, resolver problemas y coordinar sus esfuerzos de manera eficiente. La comunicación debe ser fluida y constante, asegurando que todos los involucrados estén al tanto de los avances, desafíos y cambios en el proyecto. Además, es importante que la comunicación sea bidireccional; los líderes deben estar dispuestos a escuchar y a considerar las ideas y preocupaciones de los demás, lo que refuerza el sentido de pertenencia y el compromiso de todos los participantes.

La flexibilidad es otro componente clave. En un entorno de colaboración y co-creación, las cosas rara vez siguen un camino lineal. Los proyectos pueden cambiar de dirección, las prioridades pueden ajustarse, y los equipos deben estar preparados para adaptarse a nuevas circunstancias. Las empresas que fomentan la flexibilidad y que están dispuestas a experimentar con diferentes enfoques son más propensas a descubrir soluciones innovadoras y a responder de manera efectiva a los desafíos del mercado. La flexibilidad también implica estar abierto a la evolución de las ideas, permitiendo que las contribuciones de diferentes actores den forma y mejoren el resultado final.

La colaboración y la co-creación no están exentas de desafíos. Coordinar los esfuerzos de diferentes equipos, departamentos y socios puede ser complicado, especialmente cuando existen diferencias en la cultura, los objetivos o las expectativas. Es crucial que las empresas aborden estos desafíos de manera proactiva, estableciendo procesos claros, roles definidos y mecanismos para resolver conflictos. La clave para superar estos obstáculos radica en mantener el enfoque en el objetivo común y en trabajar juntos hacia una visión compartida. Las empresas que logran integrar la colaboración y la co-creación en su ADN organizacional están mejor posicionadas para innovar, adaptarse y prosperar en un entorno empresarial en constante cambio.

En resumen, la colaboración y la co-creación son esenciales para construir empresas que no solo sobrevivan, sino que prosperen en el mundo empresarial actual. Estos enfoques permiten a las organizaciones aprovechar al máximo el talento y los recursos disponibles, al tiempo que fomentan la innovación y fortalecen las relaciones con los clientes y socios. Al crear una cultura que valore la cooperación, la transparencia, la confianza, la comunicación y la flexibilidad, las empresas pueden desbloquear nuevas oportunidades de crecimiento y éxito. En un mundo donde el cambio es la única constante, la capacidad de colaborar y co-crear se convierte en un diferenciador clave para las empresas que buscan liderar en sus respectivas industrias.

Expansión Global con Responsabilidad

En un mundo cada vez más interconectado, la expansión global se ha convertido en una estrategia casi inevitable para muchas empresas que buscan crecer y alcanzar nuevos mercados. La globalización ofrece innumerables oportunidades, desde el acceso a una base de clientes más amplia hasta la posibilidad de diversificar fuentes de ingresos y reducir riesgos. Sin embargo, expandirse globalmente no es simplemente cuestión de replicar el éxito local en otros países. Requiere una comprensión profunda de las diferencias culturales, legales, económicas y sociales, así como un compromiso firme con la responsabilidad social y ambiental. En este capítulo, exploraremos cómo las empresas pueden llevar a cabo una expansión global responsable, equilibrando el crecimiento con un impacto positivo en las comunidades y el medio ambiente.

El primer paso en una expansión global responsable es la investigación y la preparación. Antes de entrar en un nuevo mercado, las empresas deben hacer un análisis exhaustivo de las condiciones locales. Esto incluye entender la cultura, las costumbres, los valores y las expectativas de los consumidores. Lo que funciona en un país o región no necesariamente funcionará en otro. La adaptación es clave. Las empresas deben estar dispuestas a ajustar sus productos, servicios y estrategias de marketing para alinearse con las necesidades y preferencias locales. Este enfoque no solo aumenta las posibilidades de éxito, sino que también demuestra un respeto por las culturas locales, lo cual es fundamental para construir relaciones duraderas y de confianza.

Otro aspecto crucial de la expansión global es el cumplimiento legal y regulatorio. Cada país tiene su propio conjunto de leyes y regulaciones que las empresas deben cumplir para operar. Estas pueden incluir normas sobre derechos laborales, protección ambiental, comercio, impuestos y responsabilidad corporativa. Ignorar o minimizar la importancia del cumplimiento puede tener consecuencias graves, desde sanciones económicas hasta daños a la reputación de la empresa. Las empresas que se expanden globalmente con responsabilidad entienden la importancia de trabajar dentro del marco legal de cada país y de actuar con integridad en todas sus operaciones. Esto no solo protege a la empresa de riesgos legales, sino que también refuerza su compromiso con la ética y la sostenibilidad.

La sostenibilidad ambiental es un componente esencial de una expansión global responsable. A medida que las empresas crecen y se expanden a nuevos mercados, su huella ambiental también puede aumentar. Es crucial que las empresas adopten prácticas sostenibles que minimicen su impacto en el medio ambiente. Esto puede incluir el uso de energías renovables, la reducción de emisiones de carbono, la gestión adecuada de residuos, y la implementación de procesos de producción eficientes y limpios. Además, las empresas deben considerar el impacto ambiental de sus operaciones en las comunidades locales y tomar medidas para proteger los ecosistemas y recursos naturales. La sostenibilidad no es solo una obligación moral, sino que también puede ser un factor clave para el éxito a largo plazo, ya que los consumidores y las comunidades valoran cada vez más a las empresas que demuestran un compromiso con la protección del planeta.

La responsabilidad social también juega un papel central en la expansión global. Las empresas deben considerar cómo sus operaciones afectan a las comunidades locales. Esto incluye no solo la creación de empleos, sino también el respeto por los derechos laborales, el trato justo a los empleados, y la contribución al desarrollo económico y social de las áreas donde operan. Las empresas responsables se esfuerzan por ser buenos ciudadanos corporativos, invirtiendo en iniciativas que beneficien a las comunidades, como la educación, la salud, y el desarrollo de infraestructura. Además, deben garantizar que sus prácticas comerciales no exploten ni perjudiquen a las poblaciones locales, sino que las empoderen y les brinden oportunidades para mejorar su calidad de vida.

La transparencia y la ética son fundamentales en una expansión global responsable. Las empresas deben ser claras y honestas en sus comunicaciones, tanto con sus empleados como con sus clientes, socios y las comunidades en las que operan. Esto incluye informar sobre sus prácticas laborales, su impacto ambiental, y sus políticas de gobierno corporativo. La transparencia genera confianza, y la confianza es esencial para construir relaciones sólidas en un nuevo mercado. Además, las empresas deben adherirse a los más altos estándares éticos en todas sus operaciones, evitando prácticas como la corrupción, el soborno, y la explotación. La ética empresarial no solo es la base de la responsabilidad social, sino que también protege a la empresa de riesgos reputacionales y legales.

La expansión global también debe considerar el impacto económico en las comunidades locales. Si bien la entrada de una empresa en un nuevo mercado puede traer beneficios, como la creación de empleo y el desarrollo económico, también puede tener efectos negativos si no se gestiona de manera responsable. Por ejemplo, la entrada de grandes corporaciones en mercados locales puede desplazar a las pequeñas empresas y afectar negativamente a las economías locales. Las empresas que se expanden globalmente con responsabilidad deben ser conscientes de estos posibles impactos y tomar medidas para apoyar a las economías locales. Esto puede incluir la colaboración con proveedores locales, la inversión en el desarrollo de habilidades locales, y la creación de oportunidades económicas que beneficien a las comunidades en lugar de perjudicarlas.

La adaptación cultural es otro factor crucial en la expansión global. Las empresas que operan en múltiples países deben ser conscientes de las diferencias culturales y estar dispuestas a adaptar sus productos, servicios y estrategias de comunicación a estas diferencias. Esto no significa simplemente traducir materiales de marketing o productos, sino comprender y respetar los valores, creencias y costumbres de cada mercado. La adaptación cultural demuestra un respeto genuino por las comunidades locales y puede ser un factor clave para el éxito en un nuevo mercado. Además, las empresas que adoptan una perspectiva global y multicultural suelen estar mejor preparadas para innovar y competir en un entorno global diverso.

La colaboración con socios locales también es una estrategia efectiva para una expansión global responsable. Al trabajar con empresas locales, las organizaciones pueden beneficiarse del conocimiento y la experiencia de quienes ya entienden el mercado. Esto no solo facilita la adaptación a las condiciones locales, sino que también fortalece las relaciones con las comunidades y contribuye al desarrollo económico local. Las asociaciones estratégicas con empresas locales pueden ayudar a las organizaciones a navegar en el entorno regulatorio, cultural y económico de un nuevo mercado, aumentando las probabilidades de éxito y minimizando los riesgos.

Finalmente, una expansión global responsable requiere una visión a largo plazo. No se trata solo de obtener ganancias rápidas, sino de construir una presencia sostenible y respetada en los nuevos mercados. Las empresas deben ser pacientes, estar dispuestas a invertir en el desarrollo de relaciones sólidas, y mantener un compromiso constante con la responsabilidad social y ambiental. Este enfoque a largo plazo no solo beneficia a la empresa, sino que también contribuye al bienestar de las comunidades y al desarrollo sostenible de las regiones en las que opera.

En resumen, la expansión global con responsabilidad es un equilibrio entre el crecimiento y la ética. Las empresas que aspiran a expandirse globalmente deben hacerlo de manera que respeten y beneficien a las comunidades locales, protejan el medio ambiente, y operen con los más altos estándares de transparencia y ética. Al adoptar un enfoque responsable en su expansión global, las empresas no solo maximizan sus posibilidades de éxito, sino que también contribuyen de manera positiva al mundo en el que operan. Este enfoque no solo es una estrategia inteligente, sino también una obligación moral en un mundo donde las empresas tienen el poder de influir en el bienestar de las personas y el planeta.

Finanzas Sostenibles y Rentabilidad a Largo Plazo

En el mundo empresarial de hoy, el enfoque en las finanzas ha evolucionado de manera significativa. Ya no se trata solo de maximizar las ganancias a corto plazo o de mostrar números impresionantes en los informes trimestrales. Ahora, las empresas están reconociendo la importancia de las finanzas sostenibles y la rentabilidad a largo plazo como claves para el éxito duradero. Este cambio de mentalidad implica no solo cómo se generan los ingresos, sino también cómo se gestionan los recursos, se invierte el capital y se mitiga el riesgo. En este capítulo, exploraremos cómo las finanzas sostenibles pueden guiar a las empresas hacia un futuro más próspero y responsable, equilibrando las necesidades económicas con las responsabilidades sociales y ambientales.

Las finanzas sostenibles se basan en la idea de que las empresas deben considerar no solo los beneficios financieros, sino también el impacto que sus decisiones tienen en el medio ambiente y en la sociedad. Esto significa que las decisiones de inversión y gasto no se toman únicamente en función de los rendimientos económicos inmediatos, sino que también se consideran los efectos a largo plazo en el entorno natural y en las comunidades. Este enfoque no solo es ético, sino que también tiene sentido desde un punto de vista comercial, ya que los consumidores, inversores y empleados están cada vez más interesados en apoyar a empresas que demuestran un compromiso con la sostenibilidad.

Un componente fundamental de las finanzas sostenibles es la inversión responsable. Esto implica dirigir el capital hacia proyectos, empresas e iniciativas que promuevan la sostenibilidad ambiental y el bienestar social. Por ejemplo, las empresas pueden optar por invertir en energías renovables, tecnologías limpias, o iniciativas de conservación, en lugar de en industrias que tienen un alto impacto ambiental negativo. La inversión responsable también incluye el apoyo a empresas que mantienen altos estándares laborales y que contribuyen positivamente a las comunidades donde operan. Al tomar decisiones de inversión basadas en criterios ambientales, sociales y de gobernanza (ESG, por sus siglas en inglés), las empresas pueden no solo generar retornos financieros, sino también promover un cambio positivo en el mundo.

La gestión eficiente de los recursos también es clave para las finanzas sostenibles. Las empresas que se enfocan en la sostenibilidad entienden que la forma en que utilizan sus recursos, desde el capital financiero hasta los materiales y la energía, tiene un impacto directo en su rentabilidad a largo plazo. La eficiencia en el uso de los recursos no solo reduce costos, sino que también minimiza el desperdicio y el impacto ambiental. Por ejemplo, implementar prácticas de producción más limpias y optimizar el uso de la energía y el agua puede resultar en ahorros significativos, al tiempo que se reduce la huella ecológica de la empresa. Este enfoque crea un ciclo virtuoso donde la sostenibilidad y la rentabilidad se refuerzan mutuamente.

Otro aspecto importante de las finanzas sostenibles es la mitigación de riesgos. En un mundo cada vez más afectado por el cambio climático, las crisis sociales y la volatilidad económica, las empresas deben ser conscientes de los riesgos que estas realidades representan para su negocio. Las finanzas sostenibles abogan por una gestión proactiva de estos riesgos, lo que incluye la identificación de posibles amenazas, la planificación para diferentes escenarios y la implementación de estrategias que reduzcan la vulnerabilidad de la empresa. Por ejemplo, una empresa que depende de recursos naturales puede mitigar riesgos invirtiendo en prácticas de gestión sostenible de dichos recursos, garantizando su disponibilidad futura. De esta manera, las empresas no solo protegen su rentabilidad, sino que también contribuyen a la resiliencia de los ecosistemas y comunidades.

La transparencia y la rendición de cuentas son componentes esenciales en las finanzas sostenibles. Las empresas deben ser abiertas acerca de sus prácticas financieras y cómo estas se alinean con sus compromisos de sostenibilidad. Esto incluye la divulgación de información sobre inversiones, gastos, y resultados en términos de sostenibilidad. La transparencia no solo fortalece la confianza entre los accionistas, empleados y clientes, sino que también permite a la empresa evaluar su progreso y hacer ajustes cuando sea necesario. Al ser responsables y transparentes en su enfoque financiero, las empresas pueden construir una reputación sólida que las distinga en un mercado cada vez más competitivo y consciente.

El compromiso con la rentabilidad a largo plazo es otro pilar de las finanzas sostenibles. En lugar de buscar ganancias rápidas, las empresas sostenibles se enfocan en estrategias que les permitan crecer de manera consistente y responsable a lo largo del tiempo. Esto puede implicar inversiones en innovación, desarrollo de talento, y construcción de relaciones sólidas con los clientes y las comunidades. La rentabilidad a largo plazo también se logra mediante la creación de valor sostenible, es decir, generando productos y servicios que no solo sean rentables, sino que también tengan un impacto positivo en el mundo. Este enfoque a largo plazo protege a la empresa contra las fluctuaciones del mercado y le permite construir una base sólida para el futuro.

Un aspecto interesante de las finanzas sostenibles es cómo estas pueden atraer a una nueva generación de inversores y consumidores. En la actualidad, hay un creciente interés por parte de los inversores en apoyar a empresas que no solo buscan beneficios financieros, sino que también están comprometidas con la creación de un impacto positivo en el mundo. Los fondos de inversión y las carteras de acciones que se enfocan en criterios ESG están en aumento, y las empresas que demuestran un fuerte compromiso con la sostenibilidad tienen más probabilidades de atraer este tipo de inversiones. Además, los consumidores están cada vez más dispuestos a apoyar a empresas que comparten sus valores y que trabajan para hacer del mundo un lugar mejor. Al alinearse con estas tendencias, las empresas pueden no solo asegurar su financiamiento y crecimiento, sino también fortalecer su marca y su relación con sus clientes.

La educación financiera también juega un papel crucial en la implementación de finanzas sostenibles. Las empresas deben capacitar a sus empleados y líderes en los principios de sostenibilidad financiera, asegurándose de que comprendan la importancia de equilibrar los objetivos económicos con los compromisos sociales y ambientales. La educación financiera sostenible ayuda a los empleados a tomar decisiones más informadas y alineadas con la misión de la empresa, lo que a su vez impulsa el desempeño general y la rentabilidad. Además, al fomentar una cultura de sostenibilidad financiera, las empresas pueden inspirar a sus empleados a ser defensores del cambio positivo tanto dentro como fuera de la organización.

Las finanzas sostenibles también requieren un enfoque en la innovación. A medida que las empresas buscan equilibrar la rentabilidad con la sostenibilidad, la innovación se convierte en una herramienta clave. Esto puede incluir el desarrollo de nuevos productos y servicios que satisfagan las demandas de un mercado más consciente y responsable, así como la implementación de procesos y tecnologías que mejoren la eficiencia y reduzcan el impacto ambiental. La innovación también puede ayudar a las empresas a encontrar nuevas formas de generar ingresos que estén alineadas con sus principios de sostenibilidad, lo que a su vez puede abrir nuevas oportunidades de crecimiento y expansión en mercados emergentes.

Finalmente, es importante reconocer que las finanzas sostenibles no son un destino, sino un viaje continuo. Las empresas deben estar dispuestas a adaptarse y evolucionar a medida que cambian las condiciones del mercado y las expectativas de los consumidores. Esto requiere una mentalidad de mejora continua y un compromiso con la revisión y el ajuste de estrategias para garantizar que sigan siendo efectivas y alineadas con los objetivos de sostenibilidad. Las empresas que adoptan este enfoque están mejor equipadas para enfrentar los desafíos del futuro y para continuar prosperando en un mundo que valora cada vez más la responsabilidad y la sostenibilidad.

En conclusión, las finanzas sostenibles y la rentabilidad a largo plazo no son solo tendencias, sino pilares fundamentales para el éxito en el entorno empresarial moderno. Las empresas que integran la sostenibilidad en su estrategia financiera no solo logran un crecimiento rentable, sino que también contribuyen a un futuro más equitativo y sostenible para todos. Este enfoque equilibrado entre la rentabilidad y la responsabilidad es lo que permitirá a las empresas no solo sobrevivir, sino prosperar en un mundo donde las expectativas sociales y ambientales son más altas que nunca. Las finanzas sostenibles son, en última instancia, una inversión en el futuro, no solo de la empresa, sino también del planeta y de la sociedad en su conjunto.

Medición del Éxito en Empresas Diferentes

En la era de las empresas tradicionales, el éxito se medía principalmente en términos de ganancias financieras, crecimiento de ventas y valor para los accionistas. Sin embargo, en el contexto de las "Empresas Diferentes", estos indicadores, aunque aún importantes, ya no son los únicos parámetros que definen el éxito. Las empresas del futuro están cambiando la narrativa, buscando formas más integrales y significativas de evaluar su desempeño. Estas nuevas métricas no solo consideran los aspectos económicos, sino también el impacto social, ambiental y humano. En este capítulo, exploraremos cómo medir el éxito en estas empresas innovadoras, adoptando un enfoque más holístico que refleje verdaderamente lo que significa prosperar en el siglo XXI.

El primer paso para medir el éxito en una Empresa Diferente es redefinir qué significa "éxito". Para muchas de estas organizaciones, el éxito no se limita a los números en la cuenta de resultados. En cambio, se trata de crear un valor que sea sostenible a largo plazo, que beneficie a todas las partes interesadas, incluyendo empleados, clientes, comunidades y el medio ambiente. Esto significa que, además de los indicadores financieros tradicionales, las empresas deben adoptar métricas que reflejen su impacto social y ambiental, así como la satisfacción y el bienestar de sus empleados y clientes.

Uno de los indicadores clave en la medición del éxito en Empresas Diferentes es el impacto social. Este se refiere a la capacidad de la empresa para generar un cambio positivo en la sociedad. Las empresas pueden medir su impacto social de varias maneras, incluyendo el número de empleos creados, la mejora en la calidad de vida de las comunidades en las que operan, o la contribución a causas sociales como la educación, la salud y la igualdad. Algunas empresas adoptan un enfoque más estructurado, utilizando herramientas como el Índice de Impacto Social (SII, por sus siglas en inglés) o reportes de sostenibilidad que cuantifican y cualifican su contribución al bienestar social. Al hacer de este impacto un indicador clave de éxito, las empresas demuestran que su misión va más allá de las ganancias y que están comprometidas con el desarrollo positivo de la sociedad.

El impacto ambiental es otro pilar fundamental en la medición del éxito. En un mundo donde la sostenibilidad se ha convertido en una prioridad global, las empresas deben evaluar su huella ecológica y trabajar activamente para reducirla. Esto incluye medir y reportar las emisiones de carbono, el consumo de recursos como agua y energía, y la gestión de residuos. Las empresas líderes en sostenibilidad van más allá, estableciendo metas ambiciosas para reducir su impacto ambiental, como alcanzar la neutralidad de carbono o eliminar el uso de plásticos de un solo uso en sus operaciones. Estas metas no solo mejoran la reputación de la empresa, sino que también contribuyen a la preservación del planeta para las futuras generaciones, lo cual es un indicador crucial del éxito en una Empresa Diferente.

Además del impacto social y ambiental, el bienestar de los empleados es un componente esencial en la medición del éxito. Las Empresas Diferentes entienden que sus empleados no son solo un recurso, sino el corazón y el alma de la organización. Por lo tanto, medir el éxito también implica evaluar la satisfacción, la felicidad y el bienestar general de los empleados. Esto se puede hacer a través de encuestas de satisfacción, análisis de retención y rotación de personal, y el monitoreo de la salud mental y física de los empleados. Empresas que priorizan el bienestar de sus trabajadores no solo crean un entorno de trabajo más positivo, sino que también experimentan mayores niveles de productividad, creatividad e innovación, lo cual es un reflejo claro de su éxito.

La satisfacción del cliente sigue siendo un indicador vital, pero en las Empresas Diferentes, va más allá de simplemente medir ventas o reseñas positivas. Se trata de construir relaciones de largo plazo basadas en la confianza, la transparencia y la autenticidad. Las empresas pueden medir esto mediante el análisis de la lealtad del cliente, el valor de vida del cliente (CLV), y el Net Promoter Score (NPS), que mide la disposición de los clientes a recomendar la empresa a otros. Sin embargo, también es importante considerar las opiniones y sugerencias de los clientes para mejorar continuamente y adaptar los productos y servicios a sus necesidades cambiantes. Las empresas que logran cultivar una base de clientes fiel y satisfecha están construyendo una base sólida para el éxito sostenido.

Otra métrica clave en la medición del éxito en Empresas Diferentes es la innovación continua. En un mundo donde el cambio es la única constante, las empresas deben estar en un estado de evolución y adaptación constante. Medir la innovación no se trata solo de contar el número de nuevos productos lanzados o patentes registradas, sino de evaluar cómo estas innovaciones están impactando positivamente a la empresa y a la sociedad. Esto incluye la implementación de nuevas tecnologías, la mejora de procesos internos, y la capacidad de la empresa para adaptarse rápidamente a las tendencias del mercado y a las necesidades de los clientes. Las empresas que mantienen una cultura de innovación continua son aquellas que pueden enfrentar los desafíos del futuro con confianza y creatividad.

El compromiso con el propósito es otro factor crucial en la medición del éxito. Las Empresas Diferentes suelen estar impulsadas por un propósito más grande que el simple afán de lucro. Este propósito puede estar relacionado con mejorar la vida de las personas, proteger el medio ambiente, o fomentar la equidad y la justicia social. Medir el éxito implica evaluar cómo la empresa está logrando su propósito y qué impacto está teniendo en el mundo. Este compromiso con un propósito más elevado no solo inspira a los empleados y atrae a los clientes, sino que también da sentido y dirección a todas las actividades de la empresa. Las organizaciones que permanecen fieles a su propósito a lo largo del tiempo son las que realmente dejan una huella significativa en el mundo.

Además, es importante considerar el crecimiento sostenible como un indicador de éxito. Las Empresas Diferentes no buscan un crecimiento rápido a cualquier costo, sino un crecimiento que sea sostenible y responsable a largo plazo. Esto implica expandirse de manera que se mantenga el equilibrio entre las necesidades económicas, sociales y ambientales. Las empresas pueden medir este crecimiento sostenible mediante el análisis de su rentabilidad a largo plazo, su capacidad para mantener una posición competitiva en el mercado, y su éxito en diversificar y adaptar sus fuentes de ingresos. Un crecimiento sostenible es un reflejo de la solidez y la visión a largo plazo de la empresa.

Por último, la colaboración y las alianzas son indicadores importantes de éxito en las Empresas Diferentes. Estas organizaciones entienden que trabajar en colaboración con otros —ya sean empresas, organizaciones no gubernamentales, gobiernos o comunidades— puede amplificar su impacto positivo. Medir el éxito en este contexto implica evaluar la calidad y el impacto de estas alianzas, así como la capacidad de la empresa para trabajar de manera sinérgica con otros. Las empresas que logran construir y mantener alianzas estratégicas efectivas pueden acceder a nuevos recursos, mercados y conocimientos, lo que les permite avanzar en su misión y fortalecer su posición en el mercado.

En resumen, medir el éxito en Empresas Diferentes requiere un enfoque más amplio y profundo que el simple análisis financiero. Estas empresas están redefiniendo lo que significa tener éxito, centrándose no solo en la rentabilidad, sino también en el impacto social, ambiental, y en el bienestar de todas las partes interesadas. Al adoptar estas métricas más integrales, las Empresas Diferentes no solo aseguran su sostenibilidad y relevancia a largo plazo, sino que también contribuyen de manera significativa al bienestar de la sociedad y del planeta. Este enfoque holístico de la medición del éxito es lo que permitirá a estas empresas prosperar en el futuro y dejar un legado duradero de responsabilidad y liderazgo.

* 9 7 9 8 2 2 7 4 0 6 3 3 0 *